문학사랑 시인선 64

아름다운 거짓말

최성자 시집

나만을 사랑한다는 당신의 그 말,
산골짜기 돌아 흐르는 골물소리처럼 감미로웠지요.
이 세상 다할 때까지 나를 지켜주겠다는 그 약속,
세상을 다 가진 것만큼 행복했었지요.

❖ 시인의 근영

↖ 젊은 시절의 시인

⌃ 1972년 결혼식

⌃ 2007년 부군 회갑 기념

《자연농원에서 아이들과 함께(아빠가 촬영)》

《문학사랑》 신인작품상 시상식에서

◇ 가족이 한데 모여

<가족사진>

문학사랑 시인선
64

아름다운 거짓말

최성자 시집

오늘의
문학사

| 서문 |

책을 내면서

고희(古稀)를 자축하기 위하여, 시집을 엮기까지 적지 않은 생각과 갈등이 있었습니다. 내가 할 수 있는 것은 독서와 매일 써 온 일기가 전부였기 때문입니다.

감성의 넋두리가 전부이나, 부끄럽지 않게 열심히 살아온 한 생애가 모두 이곳에 모여 있습니다. 부족한 글이지만 세상 한 자락을 따스하게 비출 수 있는 글이 되었으면 좋겠습니다.

가족 문집을 내기까지 힘 모아 주신 여러분께 감사드립니다. 먼 곳에서 우리를 지켜보시는 당신께 이 글을 바칩니다. 끝으로 사랑하는 나의 보물들, 너희들이 있어 기쁘고 행복하다.

2018년 10월 최성자

| 목차 |

책을 내면서 ······ 10

1부 서점을 추억하다

빈자리 1 ······ 21
빈자리 2 ······ 22
빈자리 3 ······ 23
오동나무 곁에서 ······ 24
호두알을 굴리며 1 ······ 25
호두알을 굴리며 2 ······ 26
너를 보내며 ······ 27
서점을 추억하다 1 ······ 28
서점을 추억하다 2 ······ 29
서점을 추억하다 3 ······ 30
서점을 추억하다 4 ······ 31
나의 봄은 ······ 32
손가락을 베다 1 ······ 33
손가락을 베다 2 ······ 34
무제 ······ 35
수석 사랑 ······ 36
청곡의 그림 ······ 37
솔방울 ······ 38
야구공의 비밀 ······ 39
요가실에서 ······ 40

| 목차 |

2부 꽃무늬 앞치마

카페에서 …… 43
거울 앞에서 …… 44
법정 스님 말씀에 …… 45
법정 스님 영전에 …… 46
외딴집 …… 47
어른 아이 1 …… 48
어른 아이 2 …… 49
어른 아이 3 …… 50
상사화 …… 51
작은 도서관 …… 52
꽃무늬 앞치마 …… 53
곶감 …… 54
열망골의 추억 …… 55
빈집 같은 내 집 1 …… 56
빈집 같은 내 집 2 …… 57
마늘 …… 58
분만실에서 …… 59
겨울 양파 …… 60
아라홍련 …… 61
몽당연필 …… 62

3부 풀꽃에게도 사랑이

입양 ······ 65
다시 듣고 싶다 ······ 66
지워진 바람 ······ 67
흔적 1 ······ 68
흔적 2 ······ 69
흔적 3 ······ 70
동글 동글 ······ 71
뻐꾸기시계 ······ 72
책 선물이 좋다 ······ 73
우체통 ······ 74
알밤을 먹으며 ······ 75
한밤중에 ······ 76
아름다운 거짓말 ······ 77
꽃 불 ······ 78
가요무대를 보며 ······ 79
안전벨트 ······ 80
냉장고 ······ 81
풀꽃에게도 사랑이 ······ 82
손가락을 세다가 ······ 83
책 앞에서 ······ 84

| 목차 |

4부 징검다리에 앉아

바로셀로나에서 …… 87
뉴질랜드에서 …… 88
팔타야에서의 일박 …… 89
하늘 여행 …… 90
산다는 것은 …… 91
영국사 은행나무 …… 92
대청호에서 …… 93
유등천의 봄 …… 94
미술관에서 …… 95
신동엽 문학관에서 …… 96
효문화마을에서 …… 97
대전문학관에서 …… 98
세종 호수공원에서 1 …… 99
세종 호수공원에서 2 …… 100
신성리 갈대밭 …… 101
설악산 비선대 오르는 길 …… 102
분재원 …… 103
섬 …… 104
겨울 길에서 …… 105
징검다리에 앉아 …… 106

5부 환한 해바라기

고희(古稀) …… 109
옛집이 그립다 …… 110
빈 집 …… 111
묵정밭 …… 112
성묘길 …… 113
환한 해바라기 …… 114
가족사진 …… 115
육군사관학교 졸업식장에서 1 …… 116
육군사관학교 졸업식장에서 2 …… 117
육군사관학교 졸업식장에서 3 …… 118
손주들에게 …… 119
손녀와 함께 …… 120
폰 …… 121
그대 …… 122
너의 이름은 …… 123
운동회 날 …… 124
코스모스 길에서 …… 125
어깨동무 1 …… 126
어깨동무 2 …… 127
수박서리 …… 128

| 목차 |

6부 시인의 수필 · 지인의 덕담

세상에서 가장 따뜻한 화해 ······ 131
사랑한다 얘들아 ······ 134
할머니 육아 ······ 136
작은 실천 큰 기쁨 ······ 138
전화 한 통에 ······ 140
숲속에 무엇이 있어 날 데려갈까 ······ 142
보리 예찬 ······ 144
아름다운 동행 ······ 147
골목길 여행 속의 추억 ······ 149
고향집 샘물가 ······ 152
두 달 동안의 동거 ······ 154
2002年의 봄 ······ 156
아들에게 쓰는 편지 ······ 159
어깨동무 ······ 160
도깨비 시장 ······ 163
쓰다 만 일기장 ······ 165
나의 살던 고향은 ······ 167

축하합니다 - 오소림(시인, 소설가) ······ 169
출판을 축하합니다 - 오희용(시인) ······ 170
노을빛, 최성자 - 조성국(시인) ······ 171
현모양처 - 최종영(동생) ······ 172

7부 자손들의 편지

장남 오홍주 가족

어머니께 - 오홍주 …… 176
세상 - 오홍주 …… 178
상처 없는 장미가 있던가 - 오홍주 …… 179
시어머니 - 이정현 …… 180
망울이와 함께 자는 밤 - 이정현 …… 181
오늘이 가장 행복합니다 - 이정현 …… 182
불꽃(할머니) - 오새봄 …… 184
당신의 존재의 이유 - 오새봄 …… 185
할머니께 - 오새솔 …… 189
친구 - 오새솔 …… 190
우리집 고양이는 - 오새솔 …… 191

장녀 오홍미 가족

딸들을 키우며 - 오홍미 …… 193
보고 싶은 아빠 - 오홍미 …… 195
엄마, 사랑하는 엄마 - 오홍미 …… 197
최성자 여사, 장모님 그러다 어머님!! - 주재영 …… 198
사랑 - 주은미 …… 203
바다 - 주은미 …… 204
오작교 - 주혜빈 …… 205
나무 - 주혜빈 …… 206

17

| 목차 |

차녀 오선미 가족

엄마의 밥상 - 오선미 …… 208
사랑하는 아빠께 - 오선미 …… 212
식물 예찬 - 오선미 …… 216
세상에서 가장 사랑하는 울 엄마께 - 오선미 …… 219
어머님께 - 이강희 …… 220
우리 할머니 - 이가은 …… 221
우리 가족 - 이가은 …… 222
단풍잎 - 이주은 …… 223
달콤한 냄새 - 이주은 …… 224
사랑하는 할머니께 - 이주은 …… 225
사랑하는 할머니께 - 이재성 …… 226

차남 오홍상 가족

엄마, 아빠께 - 오홍상 …… 228
시에라리온에 대한민국의 사랑을 전하다 - 오홍상 …… 232
아버지께 - 오홍상 …… 238
소중한 남편, 감사한 하루 - 이순민 …… 239
엄마 손을 꿈꾸며 - 이순민 …… 244
어머님께 - 이순민 …… 248
슈퍼 할머니와의 추억 - 오준혁 …… 249
할머니 - 오준성 …… 250
할머니~ 사랑해요!! - 오준기 …… 251

해설_ 리헌석 문학평론가
삶의 진정성과 정서의 오롯함 …… 252

1부

서점을 추억하다

빈자리 1

긴 겨울밤
추억을 더듬다 지새웠는가?

불러도 대답 없이
되돌아오는,
소리 없는 메아리

사방의 벽은 차디차다
둘러보아도
검은 방
어둠이 날 가둔다.

아픈 날들로 기워진
세월의 틈새 너머
자시처럼 찌르는 것은

나만 덩그라니 남겨놓고
떠나간
당신의 빈 자리.

빈자리 2

공원의 등의자가 비어 있다.
슬며시 앉는다.
내 옆자리가 허전해
누구라도 앉히고 싶다.

식은 자리가
나의 온기로 따스할 것인가.
한 손을 내밀어 쓰다듬는다.
아, 가을임을 깨닫는다.

둘러보아도
의자는 나 혼자의 것인데
목련꽃처럼 떠나간 사람아,
그리움을 안기고 간 사람아.

그대는 어느 곳에서
목련꽃
하얀 옥양목 차림으로 오시려나
하얀 눈꽃으로 오시려나.

빈자리 3

빈자리가 허전하다.
화분을 놓으면 채워질까?

폭포수 같은 푸른 잎
금전수 실한 대궁
추억 속의 꽃이어서
혼자 바라보긴 쓸쓸하다.

당신을 찾으며 불러본다.
당신은
무엇으로도 대신할 수 없는
나의 왕이었다.

왕이 있어 나는 왕비였고
그 자리가 행복했다.

오동나무 곁에서

　소나무 곁에 오동나무가 자랐다. 너울너울 코끼리 귀를 닮은 잎새가 바라보라며 춤을 추어도 소나무 곁을 주지 않았다. 오동나무는 자르고 다시 길러야 재목이 된다며, 몇 해 봄마다 싹둑 베어졌지만, 다시 움트길 몇 번이나 이룬 다음에 목재상에게 팔려갔다.

　이때도 베어내면 다시 움이 틀 줄 알았는데, 다 커서 잘린 오동나무는 뿌리까지 썩어, 돌아오지 못할 강을 건넜다. 푸르른 강물 같고, 때로는 하늘을 닮았으나, 남의 손에 떠밀린 생은 소리도 없이 사라졌다.

　주인공이어야지. 오동 꽃이 피어날 때, 멋진 늦봄의 하늘을 사랑해야지. 오동나무 곁에서 그냥 보고만 있던 소나무는 혼자여서 서러웠다. 잠시 눈을 감았다가 뜬 찰라, 그 사이에 벌어진 일, 소나무는 오동나무에게 미안하여 오늘도 송화 가루를 날린다.

　- 산문시로 써보았음.

호두알을 굴리며 1

호두알을 두 개 선물로 받았다.
둘이 만나니 소리도 있다.
혼자일 때 외롭던 나는
호두알 두 개를 선물 받아 기뻤다.

탁자에 놓아도 어울린다.
혼자 노는 나보다
훨씬 잘나 보인다.
훨씬 다정해 보인다.

눈높이에 두고 본다.
구를 듯싶어 다시 손에 쥐었다.
두두두 소리를 낸다.
가슴에 메아리를 만든다.

두두두두 손에 힘을 주면서
호두알을 굴린다.
난 눈으로 너희를 맞을 것이니
너희들은 행복하게 놀아라.

호두알을 굴리며 2

혼자 있는 일은 무서움이다.
혼자서는
아무것도 할 수가 없다.

내 손에서 두두두 소리 내며
그대들은
열락의 노래를 부르지만

아무도 없는 빈 집에서
달랑 나 혼자 있으면
그대들이 한없이 부럽다.

너를 보내며

어둠 내리는 물결 위
길 잃은 물새 한 마리
내 눈시울을 적신다.

고향을 떠나 질경이 같이 살다가
막막한 사막길을 걷다가
독한 술독에 빠져 살다가
흰 가루가 되어 사라진 네가 보고싶다.

바닷물도 누구를 닮았는지
울컥울컥 울다 떠난다.
그리 좋아했다는 소주
원이나 없게 실컷 마시게나.

미련 두지 말고 훠이훠이
어서 잘 가시게나
부디 잘 가시게나.

서점을 추억하다 1

반평생 서점에 갇혀 살았다.
책을 팔다가
책벌레가 되었다.

꿈을 꾸면서
초라하게 늙지 않도록
글을 쓰며 살았다.

책 속에 넓고 깊은
세상이 있다길래
책 속에서 노래도 하고
책 속에서 달리기도 하고
책 속에서 수영도 하면서
넉넉하게 살았다.

서점을 추억하다 2

나도 모르게 서점은
마음의 지혜로
나를 인도하였다.
내 인생의 길잡이가 되었다.

고목이 꽃을 피우듯
세상을 향하여 나아갔다.

이제는
책과의 씨름을 접었지만
아직도 책장 속에
갇혀 있는 꿈을 꾼다.

서점을 추억하다 3

서점에서 사는 동안
나는 초라하지 않았다.

서점에서 사는 동안
나는 부끄럽지 않았다.

내 얘기를 글로 써서
책 한 권쯤 남기고 싶었다.

서점을 추억하다 4

서점에서 평생을 살아온,
서점에서 늙어온 내 이름

책방 언니로
20대를 살고

책방 아줌마로
40대를 지난 뒤

책방 할머니로
50대를 불리다가

책방 문을 닫고
이별한 할머니

지금도 머리맡을 지키는
그 이름과 동행중이다.

나의 봄은

나의 봄은
꽃이 지듯 간 게 아니다.
바람결에 날리듯
아무렇게 보낸 게 아니다.

꽃잎 하나 떨굴 때
바들바들 떨릴 때
잎새 하나 떨굴 때
가슴앓이 찌를 때

비운 곳 없는 내 사랑이
지고 난 자리
알차게 들어찬 씨앗은
나의 소중한 보물이다.

내 품에 안았으니
겨울도 봄처럼 따뜻하리
나의 봄은 갔어도
새봄엔 다시 꽃이 피리니.

손가락을 베다 1

파를 썰다 손가락을 베었다.
붉은 피가 뜨겁다.

눈물이 난다.
서러움이 밀려온다.

엄살이라도 떨 일이지만
이제 응석을 받아줄 사람이
너무 멀리 있다.

손가락을 베다 2

파를 썰다 벤 자리에
빠알간 피가 흐른다.

휴지로 닦는다.
휴지에 빨갛게 장미꽃이 핀다.
장미 꽃잎이 구겨진다.

입술 같은 꽃잎
지금 내 손가락에는
후후 불던 당신의 입김이 필요하다.

포개면 따스하던 그 입술
"얼마나 아플까?"
걱정하던 말
나는 그 말이 듣고 싶다.

무제

내게 사랑이 다가와
내 여린 손을 잡아준다면
이 세상 머무는 동안
온 마음 다해 사랑하리.

내 곁에서 사랑할 수 있는
한 사람이 있어
겹겹의 외로움을 달래고
따뜻한 안식처가 되리.

날마다 햇빛처럼 비추리.
잠 못 드는 밤
뒤척이는 꿈길에서
봄날처럼 사라져 간 사랑.

수석 사랑

사랑한다.
좋아한다.
진열장에 갇힌 돌이
내가 바라보면 빛을 낸다.

너는
너도
너도
너도

수만 년 다듬은 듯
반듯함이 아름답다.
마음속 가득
푸르른 우주를 만난다.

청곡의 그림

아름다움을 그림에 담은
화가의 마음이 숨어 있다.

침묵이 미의 표상이 되어
보는 이의 심금을 울리는 종소리

그 종소리가 맑구나!
돌을 깨워 꽃을 피우는

청곡의 혼에 보태고 싶은 마음
그 마음도 하나의 사랑이다.

솔방울

소나무에 맺힌 꽃망울이
긴 가지 위에
방울방울 매달렸다.

터진 껍질에 감싼
젖줄을 물고 있는
겹겹의 층은 무엇인가.

꽃이 아닐진대
바람을 모아
만들었을 꽃받침이려나?

씨앗 하나 영그는 세월
씨앗이 소나무가 되었을
그 송화의 연연함이여.

야구공의 비밀

야구공을 바라보다
영광의 상처를 발견한다.
꿰맨 만큼 아픔도 있겠다.

아우성 소리에 멍이 들고
필요에 따른 존재로
주고받는 게임에 열광하지만
가끔은 침묵으로 말하는 거다.

직선으로 향해도
숨겨놓은 전략엔 전쟁이다.
포물선을 일으킨 뱃머리가
깊고도 어둠이 바다에서 여유롭다.

힘껏 달려야 하늘의 별도 따고
적진으로 가는 길,
상처는 부끄러운 게 아니다.
살아있는 사랑이다.

요가실에서

느리게 흐르는 음악에 젖어
수도승처럼 명상에 든다.

조용히 내가 나에게 말을 한다.

안 쓰던 근육아 풀어져라
늘어진 뱃살아 들어가라
단단하게 뭉친 가슴 응어리 내려놓아라.

힘든 고비를 잘 견디어 주었어
오늘도 수고했어 고마워
두 손으로 온 몸을 쓰다듬는다.

부드러운 손길이 리듬에 따라
새로운 피의 펌프질이 시작되었다.

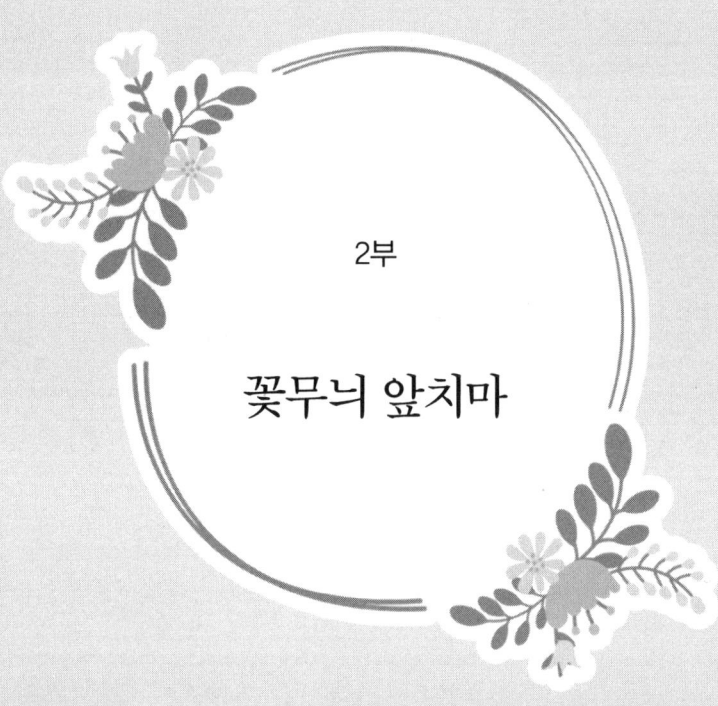

2부

꽃무늬 앞치마

카페에서

대청호에 잠기었을 흑백의 기억
눈길 머무는 카페에 앉아
오랜 옛 시간을 건져 올린다.

물안개 자욱한 수면 위로
바람타고 밀려오는 그림자
물결 위에 소리 없는 메아리를 그린다.

우주로 길 떠난 사람
물결 주름잡고 오신다면
난 오리발로 헤엄쳐 맞으리.

거울 앞에서

맨 얼굴에 그림을 그린다.
흐린 곳은 더 선명하게
손놀림 따라서 잡티까지 지운다.

얼굴의 경계선 아래 마음이 머문다.
켜켜이 축적된 시간의 무게가
나이테를 만들어 논밭에 줄을 긋다.

물오른 나뭇가지 촉눈 뜰 때
목선이 고와 반했다는 그대
거울 속에서 사라진 파랑새를 찾고 있다.

법정스님 말씀에

스님의 말씀에도 고뇌가 깊어
가엾고 슬픈 것은
생(生)의 허무인 것을
깨우친 때문입니다.

나뭇잎이 떨어져 가벼이 가는 길

그 가벼움을 부러워하는 인생
인연에 가슴 아프고 정에 약하여
마음을 두고 선을 놓을 수 없어
한은 안고 가면 얼마나 불쌍한가!

두어라 놓아라. 미련 없이 놓아라.
인생은 무소유로 가는 길.

법정 스님 영전에

가벼이 떠나시며
저승에서 연잎으로 연꽃을 받들어
어두운 세상을 촛불로 밝히소서!

무소유 빈손으로 와선
빈손으로 가는
생의 끝엔 욕심이란 어리석은 것

그 가르침도 아프게 듣는 바보들
스님의 말씀으로 깨우쳐
등불로 밝히길 소원합니다.

이 세상이 좋은 것은
나무가 푸르게 살고 꽃다운 꽃
피고지고 물소리 바람소리 듣고
정을 나누는 사람들이 살기 때문인데

그 정도를 지키기는 어려워라.
물처럼 흐르는 삶의 길을 가리라.
스님의 영전에서 다짐합니다.

외딴집

적막마저 외로운 산골마을, 무덤과 이웃한 외딴 초가집, 으스스 바람 소리에 소름이 돋던 유년의 기억. 청솔가지 타는 저녁연기 속에 자욱이 번지는 솔 냄새, 된바람이 문풍지 흔드는 겨울밤에는 얼음 동동 동치미 꿀맛이었네.

먼저 가신 어머니, 담배 연기로 사르시던 아버지의 잔기침 소리, 어린 4남매는 온 몸이 저리도록 추위를 느꼈네. 잠 못 드는 한밤 중, 달빛 스미던 창문을 바라보며 어머니의 명복을 빌던 마을, 아직도 그 마음 그대로 하얀 달을 품고 사네.

- 산문시로 써보았음.

어른 아이 1

난 어른아이다.
동화책 읽기가 취미니
난 정말 아이다.

야광별 스티커
유리창에 붙여놓고
손자 손녀와 놀이에 빠진다.

장난감 파랑새
베란다 꽃밭에서 키우며
하루에 몇 번이고
노래를 듣는다.

유행가 트로트 노래는
가사도 모르지만
동요만큼은 자신있게 부른다.

어른 아이 2

봉숭아 꽃물들이기
여름이면 잊지 않고
손녀들에게 자랑한다.

빠알간 손톱 지워지면 어쩌지
걱정하던 임이 찾아오면
열 손가락에 꽃불 켜고 맞으리.

어른 아이 3

요즘처럼 철없이 살았으면
화투장을 맞출 수도 있으련만

난 바보인가,
고스톱도 모른다.

내 사랑 짝꿍이 날 놀렸지,
울 아가는 그래서 예쁘다고.

철없는 애기는 내가 업어야지,
자장가 불러주면 금세 잘 테니.

약속하고 내 곁에서 떠난 짝꿍,
당신의 배게도 이젠 차갑다.

상사화

잎이 시든 자리에 꽃대가 올라 사랑을 피우는 꽃, 그 사랑은 붉어도 못다한 사랑에 혼자 외롭다. 차라리 말로 다 못한 슬픔에 그리움의 목정밭에서 자라는 망초꽃이 나으리라.

서로가 서로를 그리워하고, 붉고도 까무러칠 봄날에 너와 나의 만남이 인연이면, 어느 겨울바람 속에서 마른 꽃잎과 죽은 나비로라도 볼 수 있을까? 아 정말 그럴 수 있을까?

길가에는 풀꽃이 피지만 이름조차 알 듯 모를 듯, 그냥 지나치다 숨결을 듣고 난 멈칫거린다. 난쟁이 쇠비름 꽃, 노르스름한 색을 만지면 지워질 듯 숨소리도 가녀린 가난한 비렁뱅이 꽃

내가 아끼고 사랑한 꽃, 화려함 보다 자지러들 것처럼 슬픈 꽃, 내 고백을 바람결에 싣고 간 세월, 그 때 그 시절, 풀꽃반지 선물이 눈물 나던 순정은 첫사랑이었다.

- 산문시로 써보았음.

작은 도서관

세종시 가재마을 10단지
내 이웃에 있는
아름다운 도서관
작은 쉼터 자리마다
청청한 바람이 인다.

손사래로 나를 부르는
나무숲으로 드나들며
마음의 양식을 얻고
회색빛 도시의
피로를 씻는 사이

알게 모르게 소녀가 되어
숲 속에서 푸르게 자란다.

꽃무늬 앞치마

주방 앞에 서면
그럴 듯한 음식이
만들어질 것 같아
스무 살 된 꽃무늬 앞치마를
허리에 두른다.

얇은 앞치마 한 장이
온갖 얼굴 받아주고
비우지 못한 주머니 속은
온갖 잡동사니 가득하다.

닳아 꽃색도 변했고
뾰족한 감정도 뭉뚝해졌지만
해질수록 그 안은 반짝반짝
빛이 나는 걸 알기에
함께 늙어가는 너와
생을 다 할 때까지 동행하련다.

곶감

주홍빛 고운 자태
부드러운 속살 드러내고
달콤한 맛으로 나를 유혹하네.

한 알의 씨앗이 싹을 틔우고
뿌리내려 열매 맺기까지
땀방울 스민 시간들을 떠올리네.

모진 가뭄, 세찬 폭우 속에서
흔들리지 않고
주어진 자리에서
소명을 다하고
누구의 침샘 돌게하는 성찬(盛饌)
당신 앞에 감사드리네.

열망골의 추억

그리운 내 고향 열망골, 고향 선배 따스한 마음 덕에 오십년 전 함께 자란 친구들이 고향 하늘 아래 모두 모였네.

한참을 더듬거리다 옛모습 찾았고, 건강하여 여기까지 온 것에 감사하며, 반가움에 얼싸안고 목이 메었네.

마을회관에서 날밤을 새우며 끝없이 이어지는 이야기 봇물, 밤새도록 수다꽃이 만발하고 산기슭을 휙휙 날아오르네.

풋풋하던 청춘은 오간데 없고 어쩌다 반백이 된 어른이들, 다시 만날 것을 약속하며 아쉬움에 두 손 꼭 잡고 놓을 줄 몰랐네.

열망골의 오늘이여 다시 오라!

- 산문시로 써보았음.

빈집 같은 내 집 1

주말이면 찾아오는 집
문 앞에서 잠시 머뭇거리는 게
오늘만은 아니다.
남의 집을 찾아온 듯 선뜻 열지 못하고
숨을 몰아쉬고 열쇠를 돌린다.

날 반겨주는 이 없고 불이 꺼진 채
현관문을 들어서면 자동 센서 불빛에
안도의 숨을 몰아쉬면

"당신 이제 오는 거야?"
날 맞아줄 사람 당신은 어디에 있고
이렇게 날 슬프게 만드는지

베란다 화초들이 초롱초롱 눈뜨고
반기고 좋아하는 책들이 말을 걸어도
당신을 찾아 두리번거리며
이방 저방을 들여다본다.

빈집 같은 내 집 2

시계는 정확히 시간을 가르쳐 주고
난 당신 곁에 짝꿍이 되어
영원히 함께 할 사진 앞에서
당신에게 고하네.

"나, 셋째네 집에서 방금 왔어요.
당신이 보고 싶어 왔어요.
날 기다리고 계셨지요?
마주 보며 웃어도 쓸쓸하다.

옷이 걸린 방은 냉기로 가득하다.
들어서기도 싫다.

냉장고는 살아서 싱싱 돌아가니
고마운 생각이 들 때
허기를 느끼면서 생수를 꺼내 마신다.

마늘

마늘을 깐다.
얇은 막 한 꺼풀씩 벗기며
뽀얀 젖살 드러낸 알맹이를 본다.

손톱으로 스며든 알싸한 맛
온 몸으로 번지며 후끈거린다.

촛불 심지처럼 어린 생명 살찌운
스스로 삭아 든 빈 껍질을 보았다

어둠에 묻혀 으깨진 몸 위로
세상의 식탁을 채워 준
큰 하늘을 내보냈다.

분만실에서

산모의 고통에 동참한다.

산모가 힘을 주어
나도 힘이 들어가는 순간

어머니가 되는 게 쉬워서야
하늘에 알리는 생명의 소리

손을 모은다.
감사한다.

만남의 인연이 닿아 보듬는 어머니
세상이 고요하니 잠든다.

겨울 양파

어느 머언 곳에서 살았는지
묻지 않아도 알 것 같다.

빨간 망에 갇혀 내 집에 오기까지
먼 여행길에 지칠 만도 한데

탱글탱글 굴러도 보았을 모양새
푸른 싹을 내어 봄이라 외친다.

넌 살아있는 생명
그 하나만으로 고마운 존재다.

아라홍련
― 고려시대 칠백년 된 씨앗

조간신문 펼치는 순간
아! 세상에 이런 일도 있나?

땅 속에서 칠백년 묵은
토종 연꽃 씨가 발아!

담홍색 숨소리가
깊은 잠에서 깨어났다

따스한 햇살 만지며
언젠가는 쨍하는 날이
꼭 올 것이라고 말하고 있다.

몽당연필

노오란 촛불 드리운 시간
종이 위에 서서 알몸이 된다.

오늘은 한 사람 생각으로 해가 뜨고
단 한 사람 생각으로 해가 졌다.

내 곁에서 떠나지 않는
그리워서 눈물 나는 사랑이 있다.

마음을 몽땅 빼앗아 버린
그대의 온기는 참 따뜻했다.

함께 쓰던 나의 하루는
나를 외롭지 않게 잡아 주었다.

혼자만의 비밀 다 털어놓아야
몽당연필 옆에 누울 수 있다.

3부

풀꽃에게도 사랑이

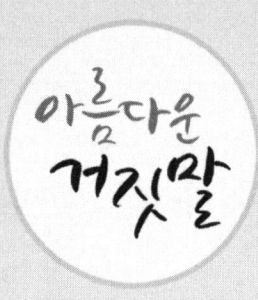

입양

낙엽 뚝뚝 지는 시월
고요한 정적 깃든 산자락
혼자 물든 찔레 열매와 손잡았다.

늦가을 끝자락에 매달린 아이
안쓰러워 돌아서지 못하고
한참을 쳐다보다 입적시켰다.

향기 머금은 어린 씨앗
햇살 비추는 창가에 두고
어머니의 손길로 어루만진다.

자연 한 줌 집에 들인 날
칠십년 묵은 젖 꽃판에 단풍 들었다.

다시 듣고 싶다

첫날밤부터 불어닥친
거친 콧바람 소리
수줍고 낯선 길 돌아
선잠 속에 새벽이 밝았지.

쌍벼개 울리는 교향악
끊어질 듯 이어지는 멜로디
잠시 쉼표를 찍으면
가슴이 내려앉기도 했었지.

베갯머리 사랑은 익어
어둠 속 샛별 떠오르고
들숨날숨 하모니 연주
깊은 밤 세상모르고 갔었지.

갑자기 불어 닥친 회오리바람에
생명의 음악소리 끊어지고
밤새 슬피 우는 서쪽 새
꿈에서라도 다시 듣고 싶다.

지워진 바람

내게 사랑이 손님처럼 온다면
잃어버린 사랑일 테니
당신을 원합니다.
난 한없이 여린 당신의 아내
날 울리지 마세요.

너무 외롭도록 놔두면
호르륵 재가 될지도 몰라요.

날 데려 가세요.
내 평안의 안식처는 당신 곁인데
너무해요. 무심도 하구요.
사랑방 손님처럼 봄에 오세요.
꽃신을 준비하여 오세요.

흔적 1

흔적은 그대로인 까닭에
지워질 수 없으니
그리움이겠지요!
깨지고 부서질 수 없다면
가슴으로 파고들어
잊혀질 수도 없겠지요!

남모르게 아파야 할
그때 그 사람 누군가 내게 묻지 마세요.
나의 사랑 그 사람
둘도 아닌
나의 님인 것을.

흔적 2

흔적만 더듬기는 싫어요.
공기처럼 채운 집안 곳곳
당신이 있어야 합니다.
난 그래야 아침을 맞이할 나팔꽃
뚜뚜따따 큰소리로 나팔을 불 터,
당신이 없으면 마른 풀,
향기 없는 꽃
난 당신으로 빛나고 잠이 듭니다.
아무리 말해도 끝없는 이유가
당신의 존재고 사랑입니다.

흔적 3

당신을 생각하며 길을 걷다보면
따스했던 기억이
쓸쓸함으로 바뀝니다.
내 작은 손을 꼬옥 잡아주면
포근한 온기는 오래갔습니다.
낯설지 않은 이 길로 들어서면
흐르는 시냇물에 발 담그고
둘이 앉아있던 징검다리
모든 것은 제자리에 있는데
이곳엔 당신만 없습니다.
우수수 바람이 불어오고
방황하던 낙엽이 물 위에 젖어듭니다.
내 마음도 한 곳으로 잠깁니다.

동글 동글

온통 사각 직각으로 가득한 방, 아주 느리고 꿈길 같은 동그라미 찾는다. 하품하며 긴 잠에서 깨어난 라디오 CD, 눈 뜨고 귀 열고 일어나라 한다. 수도꼭지 방울방울 물 떨어지는 소리, 눈 쌓인 얼음장 아래 졸졸졸 봄이 오고, 노을지는 바위언덕 철썩철썩 파도소리, 양철지붕 후두득 후두득 소나기 지나가고, 물안개 자욱한 산사 쟁그랑 쟁그랑 풍경소리, 달 밝은 가을 밤 찌르르 쯧쯧쯧 풀벌레 울고, 야생화 핀 깊은 숲 속 포로롱 포로롱 산새소리, 산모롱이 돌며 잠든 마을 깨우는 기적 소리.

푸른 라디오에서는 동글동글
온갖 목소리가 들려왔다.

- 산문시로 써보았음.

뻐꾸기시계

고향 뒷산 숲 바람
잊고 산 지 오래인데
푸른 목소리는
누구의 목청이었나?

고향노래 부르며
기억을 더듬어 낸다.
그 봄 뻐꾸기가
불렀던 노래였다.

책 선물이 좋다

책을 좋아하는 나
책선물이 제일 좋다.

책을 좋아하는데
시인이 되는 게 어떤가?

난 벌써 시인이었다.
그래 난 시인이었다.

진실만 쓰는 시인
책을 사랑한 시인이다.

우체통

도시의 길모퉁이 외발을 딛고
왼 종일 누군가 기다리는
허기진 빨간 입술을 적셔 주었다.

한 시절 봉합된 비밀 가득 담고
날 부르는 손사래로 피어나
굳게 잠긴 문 열어 주고
환한 영혼의 숨결 이어 주었다.

귀퉁이 남아 있는 이름들은
어디론가 모두 떠나가고
우두커니 빈 집을 지키며
무심하게 달리는 고속철을 바라본다.

알밤을 먹으며

토실한 알밤 속에 주고 싶은
마음의 정을 생각하며
맛나게 먹었다.

하얀 속살이 보이는 순간
내 어머니 젖무덤 같은 오붓한 느낌
자연과 인정이었다.

한 톨의 알밤을 줍는 손
새벽 산허리를 헤집었을
그 가을이 내게로 왔다.

한밤중에

놀란 가슴을 때리는 소리에
난 얼어붙고 만다.

혼자 있다는 게 이런 것이다.
내 곁에 아무도 없다는 두려움
불량배의 짓인가?
아래층 할머니 기억 상실증이
집을 찾지 못한 실수라니
한밤에 난 어떡하면 좋아요?

혼자라는 외로움,
어느 누구에게 하소연 하리까?
사람 속에 사람 사는 세상에서.

아름다운 거짓말

내겐 혼자서만 간직한 비밀이 있어요.

나만을 사랑한다는 당신의 그 말, 산골짜기 돌아 흐르는 골물소리처럼 감미로웠지요. 이 세상 다할 때까지 나를 지켜주겠다는 그 약속, 세상을 다 가진 것만큼 행복했었지요.

하지만, 이 험한 세상에 나 혼자만 던져놓고 당신이 먼 길 떠났을 때, 아름답던 그 약속은 공허한 거짓말이 되어 당신이 원망스러웠어요. 당신과 함께 보던 해와 달, 다정하게 속삭여주던 밤하늘의 별들도 내게는 한없는 어둠이 되고 말았지요.

그런데 어느 날부터인가 때때로 혼자 있을 때, 물이 되어, 바람이 되어, 한없이 너른 하늘이 되어, 당신이 내 곁에 있다는 걸 느낍니다. 생전에 나누던 당신의 거짓말은 아름다운 진실이 되어, 가시밭길 낭떠러지 길도 두려움이 없습니다.

나는 당신의 아름다운 거짓말이 있어 행복해요.

- 산문시로 써보았음.

꽃 불

드디어 오늘부터 시작이야.
활활 울타리에서 타오르는
넝쿨 장미처럼 화끈하게 터뜨리는 거야.

아주 특별하게 다가온 날

뭉클하게 졸여보고
바삭하게 튀겨보고
자작자작하게 끓여 보는 거야.
맛내기 위해 모든 기교 다 부리며.

가요무대를 보며

가끔 마음을 흔들고 추억에 젖어
지난 사랑을 떠올리는
감미로운 시간 무대
시대를 대신한 노래가 있다.

아픔과 함께하는 인생
고달픔이 없다면 노래도 없고
흥을 잃지 않은 삶이 슬퍼
어깨춤도 추면서 못내 잊은 듯
노래를 부르며 지난 시절을
생각하고 그리워한다.

노래의 인생이여 추억이여
가요무대를 기다리며
심금에 닿는 노래를 듣노라니
울컥 올라오는 감정에 실은
가버린 그 사랑을 어찌하면
좋을지 그 사랑이이 좋은데….

안전벨트

나의 안전벨트여
우리는 뗄 수 없는 사이

그대 언제라도 외롭고 허전해지면
느슨해진 줄 단단히 조이고
가슴 기대고 어디든지 달려봐.

굽이치는 길 가다가 피곤해지면
날 내려놓고 쉬었다 가도 좋아.

눈 비 오는 날에도
아침이든 늦은 저녁에도 상관없이
흔들어 깨워주기만 하면 돼.

냉장고

　찬바람 가득한 냉장고 얼마나 추울까. 주어진 숨결 품어 안고 몸 상할세라 다독이며 신바람 나게 윙윙 돌았다. 매운 눈물 쏟아내는 청양고추, 푸릇푸릇 싱그런 시금치, 추억타령만 하는 곰삭은 새우젓, 눈동자 말똥말똥한 등푸른 고등어, 뼈가 남긴 진한 사골 육수

　더러는 버려야 할 것들을 가슴 아파 놓지 못하고, 때로는 온갖 냄새에 취해 어지럽게 흔들리기도 하며 한 생이 고요해지는 순간도 보았다. 제각기 정해진 순서 달라 지금은 머물 수밖에 없지만, 그 누군가의 침샘을 돌게 할 것이다. 몸 안에 품었던 아량까지 그는 몽땅 쏟아내 줄 것이다. 구석진 그늘에서 지켜선, 아낌없이 주는 그릇으로.

　- 산문시로 써보았음.

풀꽃에게도 사랑이

장미꽃이 꽃 가운데
여왕이라 한들
사랑을 잃은 장미라면
외로운 꽃으로 시들 테니
슬픈 꽃입니다.

길가 풀꽃이 모여
옹기종기 모여 웃으니
내 눈에 비친 사랑이
얼마나 예쁜지

부러운 마음으로 가만가만
조용히 들여다보면
소박한 사랑이
얼마나 아름다운지
나도 풀꽃이 됩니다.

손가락을 세다가

길고 짧은 가늘고 굵고 서로 어울려 놀고
손목으로 내려오면 하나의 뿌리로 만나네.

하늘은 만물을 내놓았고
그 머리 위에 골고루 나누어 주었네.
따사로운 햇볕 쬐어주고
고요한 달빛 깔아주고
시원한 바람 불어주고
달디 단 빗물 내려 주었네.

손가락 사이에서 연두 빛 속잎들 눈뜨고
무성한 잎과 열매 달아놓았네.

새들까지 지저귀니 쉴 그늘도 많네.

책 앞에서

닫혀있는 세상 문을 여니
나무들의 물결무늬가 보인다.

겹겹 쌓인 지층에 빛이 스며들면
말하고 듣는 두 사람이 손을 잡는다.

침묵이 흐른다.
세상 위로 한 사람의 고뇌와 또 다른
한사람의 대화가 지평선을 만든다.
고요는 가끔 눈물 나는 적막을 만들어
말없는 눈으로 마주 바라본다.

늦은 오후의 햇살은 노을을 만들고
긴 그림자 앞엔 미루나무가 서 있어
손을 들고 싶은 인사였다.

"안녕, 또 만나요!"
"그래요, 또 봅시다!"

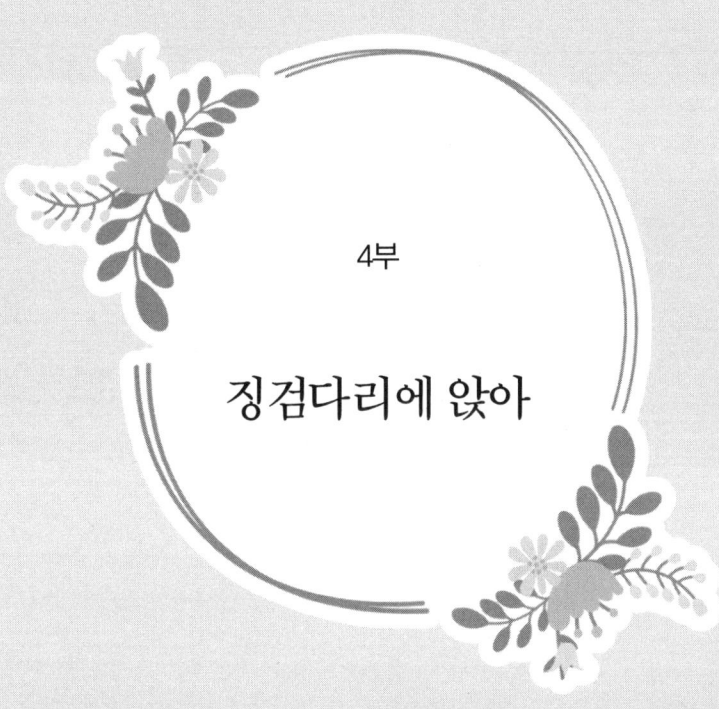

4부

징검다리에 앉아

바로셀로나에서

고희의 팻말을 우뚝 세워놓고
허리끈도 넉넉하게 고쳐 매고
아픈 무릎 진통제로 다독이며
대륙의 서쪽 끝으로 날아왔다.

작은 틀 안에 갇혀있던 새 한 마리
백 년 전 가우디를 만나
낯설고 눈부신 풍경을 바라보며
맑은 이야기로 가슴을 채운다.

미세먼지 없는 맑은 하늘 아래
반짝이는 가로수 잎사귀
예쁜 목소리로 지저귀던 손녀들 재롱
미소가 되어 내 가슴에 고인다.

나 혼자 누린 풍성한 칠순 이야기
그리운 그대에게 전하고 싶다.

뉴질랜드에서

뉴질랜드 북섬을
안개가 점령했을 때
관광버스 안에서 듣는 노래,
젊음만으로도 신선한 가이드
멋진 시 낭송은 향수였다.

고향을 그리워하고도
눈물이 그렁그렁 고이는 노래로
잊었던 고향이 그리워서
가슴으로 더듬는 고향의 풍경이
사계절로 살아나고 있었다.

파타야에서의 일박

더위에 권태가 덕지덕지 엉겨 붙는 한 낮
자꾸만 감기는 눈의 창 내리고 잠 불러들인다.

한 걸음 두 걸음 깊은 수면 속으로 빠져들고
달콤한 사랑 주제로 스크린이 막을 올렸다.

야자수 숲 푸르른 해변 언덕 20층 2호실
찰찰 바람이 하얀 커튼과 검은 머리칼에 물결쳤다.

먼 수평선 끝으로 어둠이 모두 떠나 지워졌고
지난 날 하얀 풀꽃의 향기만 감돌았다.

우리는 처음 만난 연인처럼 두 손 꼭 잡고
오랫동안 귓속 간질이며 그 고운 밤 하얗게 새웠다.

달디 단 꿈의 날개에 취해 떠오르는 하늘빛
눈앞의 환해지는 순간, 아, 꿈이었다.

하늘 여행

난 새가 되었다.
비행기와 한 몸으로
하늘을 날아간다.

두려움에 떨다가
창문에 들어온
허공의 구름을 만난 생각에
두 손을 움켜쥔다.

난 작은 나뭇잎
새를 꿈꾸기도 두렵다.
그러나 어딘가 날아가고 싶다.
이대로 가고 싶다.

산다는 것은

꽃이 피어서 지는 것을 알고, 근심하는지 묻는 게 바보, 그 바보의 물음이 자연의 마음이면, 철학이 아닌가!

꽃이여, 어디서 왔는가? 꽃이 대답은 없어도 생각하는 건 그대려니, 죽이든가 살리든가, 그대 마음이요.

사는 것은 제 몫이니 알아서 사시구려. 인생이란 시끄럽게 살고 갈 때는 후회할 것이므로 조용히 가시오.

- 산문시로 써보았음.

영국사 은행나무

천년 나무가 뻗은 가지에
바람소리 물소리
세상 속에 채워놓고
무슨 말씀으로 설법을 하시는가?

부처님 귀를 빌려 듣는 봄날
푸르름에 씻는 귓불
부처님 미소가 보이고.

대청호에서

노루실 마을 잠든 대청호에서
어린 시절 기억이
물결로 일렁인다.

엄마를 잃은 노루새끼는
엄마를 수없이 부르면서
양성산의 메아리를
자장가로 듣고 잠이 들었다네.

따스한 온기를 못 잊고
엄마 젖꼭지만 더듬는 슬픈 눈망울
사남매의 간절함이 가슴에 저렸네.

지난 세월은 어제 일만 같은데
서러움에 찼던 그 시절,
그리움은 호수에 묻는다.

유등천의 봄

초록 물든 유등천 둑방
봄나들이 나온 한 무리 염소 가족
윤기 흐르는 새끼 동그란 눈
매애매 어미곁 맴돌다 젖을 빤다.

세상 알지 못하는 두 살배기
염소같이 오물거리는 입 속에
동그랗고 새까만 염소 똥 집어넣고
콩콩콩 지절거리던 봄날이 갔다.

아까운 동심 하나 잠시 머물면
따뜻한 봄에 티 없이 맑아지고
꼬리 흔드는 송사리들도 다가와
환한 햇살 한 모금 물고 봄을 맞는다.

미술관에서

가을비 젖으며
살가운 친구 셋이
마음을 모아 찾은 곳
피카소와 천재 화가들을 만났다.

거장들의 혼이 담겼을 작품 앞에서
수없이 지우고 그리는 연습을 한다.

명작이라는 이유가 불씨로 남아
바보를 초대한 화가님
어느 세계를 거닐다 오시어
낯설지 않은 눈빛인데

날 쏘아보시는지
한마디 말씀을 듣고 싶소.

신동엽 문학관에서

선생님의 발자국마다 눈물이 고여
강물이 되어 흐르지 못하고
가슴에서 쏟아진 벙어리의 말
한 마디가 시가 되었네.

암울한 시대를 거치고 사느라
나라 없는 거지로 산에 올라 한탄하고
썩은 전쟁 논두렁에 엎드려
하늘을 원망하고 또 다시
하늘에 기도하고 빌었을 시를 읽었네.

선생님의 시는 눈물 나는 배고픔
허기에 찬 삶을 시로 풀어낸
가없는 영혼을 마음으로나 위로하고
울컥 올라오는 마음을 남겨 두고
조용히, 그렇게 조용히 돌아섰네.

효문화마을에서

아침 10시 효문화마을에 가면
반갑게 맞이하는 정다운 얼굴들
사랑의 마음 곱게 담아 인사를 나눈다.

어깨가 조금 기울어져 비스듬해도
가녀린 다리 중심을 세우고
신바람 댄스 음악에 멋진 몸짓
대강당 가득 꽃바람이 분다.

사무치게 살다 무거운 짐 훌훌 벗고
녹스는 육신을 일깨우며
늘어나는 나이테를 가리고
여유로운 세월에 젊음을 더한다.

즐겁게 시간의 길이를 바꾸는
내 나이를 묻지 마라.

대전문학관에서

녹음 짙은 유월
시를 사랑하는 순한 눈빛
가슴 열고 크게 맞이하네.

긴 세월 뿌리 하나 깊게 내려
삶에서 우러나는
조용한 울림
새 생명 움트는 소리를 들었네.

큰 그림자 뒤 따라
시인의 땅에 풀꽃 한 송이로 피어
그 향기
온 누리에 솔솔 날리고 싶네.

세종 호수공원에서 1

물결에 흔들리는 마음이 슬프다.

잔잔히 저어가는 물오리가
넓은 공원의 주인이고
난 손님으로 와서 돌을 던진다.

잔잔한 호수가 부럽다.
혼자인 오늘은 더욱 부럽다.

세종 호수공원에서 2

고요하고 잔잔한 물결 위로
도란도란 웃음꽃이 피어나고
함박 핀 꽃송이 세월도 쉬어가네.

누군가가 그리워 목이 마를 때
단비처럼 손을 잡아준 촉촉한 우정
한결같은 그 마음 향기로 남았네.

날마다 잡아주던 정다운 손길
아직도 따뜻한 체온으로 남아
허전한 가슴을 따뜻하게 채우네.

귓가를 맴도는 쟁쟁한 목소리
호수에 뿌려진 햇살 같은 우정
어찌 추억 속에 그리움으로 묻으랴.

신성리 갈대밭

강물은 잔잔하니 흐르는데
강가의 바람은 어이하여
잠들지 못하고 서걱이는가?

첫눈에 발자국이 또렷한데
시가 되어 흘러가는 갈대의 노래
오솔길 따라 낙엽은 사라져 갔는가?

겨울의 찬바람을 느끼고
시간 속에 지우는 기억 속에
나의 사랑만 절절히 추억하네.

설악산 비선대 오르는 길

계곡 따라 숲길을 걸으며
처음 만나는
그림 같은 풍경에 취해
마구 눈도장을 찍어 간직합니다.

연초록 나뭇잎은
반갑게 손 흔들며
싱그런 향기를 보내줍니다.

청아한 계곡물은
오묘한 빛으로
물결무늬를 띄우며
부드러운 말로 속삭입니다.

모든 어지러움을
자연 속에 묻고
몸과 마음을 씻어낸 시간
행복을 줄에 꿰어 목에 겁니다.

분재원

제주도 여행 코스 분재원에서
늘어선 관광객 스쳐가는 곳
갈비뼈 드러난 묵은 등걸 보며
침 마르도록 감탄사 쏟아놓는다.

주어진 작은 틀 안에서
온 몸으로 불신하는 인고의 세월
등 굽은 나를 아는가?
어르신 나무 툭 치는 소리에
흐린 눈 투명하게 깨어난다.

내면에 맺힌 쓰라린 땀방울
올 곧은 마음 하나로 중심 세우고
먼 하늘 푸르른 날 바라보며
가지 끝 팔랑이는 잎새 달고 있다.

섬

바다에 떠 있는 조그만 섬
아침이면 희뿌연 고독이지만
어둠이 다가와 뺨의 얼룩 지워주며
쏟아지는 별빛 속으로 젖어든다.

마음속에 살고 있는 점 하나
푸르른 숨소리 가득 고이고
멀리 있는 외딴섬 바라보며
무언의 눈빛으로 두 마음을 나눈다.

저마다 그리운 것들 풀어 놓자
흘러가는 시간이 보인다.
지난 세월이 빛나는 섬
여전히 삶은 정지하지 않는가.

겨울 길에서

차디찬 바람이 걸음을 재촉해도
길가 앙상한 나무 앞에서
춥다고는 못한다.

벌거벗으면서 떠나보낸 잎들이
포대에 담겨진 채 나무에 기대어선
어미 나무에게 어떻게 하라는지
짠하니 내가 느낀 게 무언지
울컥 올라온 마음이
지난 가을을 생각한다.

알록달록 무지개 빛깔로
얼마나 고왔는가
찬란했던 그 계절의 흔적마저
썩고 썩으면서 내일의 약속을
위해서 썩는 거다.

징검다리에 앉아

물에 앉아있는 느낌은 처음이다.
돌로 연결한 다리 징검다리가
물렁물렁하니 물의자인 듯싶어

물소리 맑은 귀를 열고
물여울에 시 한 줄을 떠내려 보내고 싶어

벌써 떠내려갔을
홍얼홍얼 시어는 물거품이 되고

나긋한 봄 햇살이 건진 물고기 몇 마리
데롱데롱 매달려

팽이처럼 돌면서 반짝반짝 빛나는
은비늘에 내 눈을 찔려

아 봄날은 어지러운 꿈
그 꿈이 연둣빛 잎 끝에서 사라지면
봄꿈으로 여기리.

5부

환한 해바라기

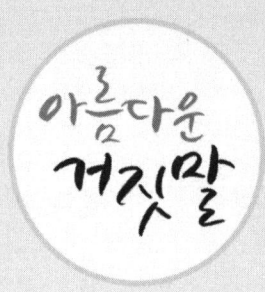

고희(古稀)

꽃잎 여린 봄날
눈부시게 스쳐갔을 바람에
새처럼 날아간 긴 이야기

기억 속에 살아있어
우주의 별들이 생성으로 남았을
억겁의 세월이 산처럼 겹겹이 쌓여,

사연이 가슴으로 스며든,
아주 오랜 시절이 빗물로 흐른들
그 누가 눈물인 줄이나 알랴!

옛집이 그립다

어찌 그립지 않겠는가?
정 장장 삼십 년
세월하고 바꾼 가슴 아린 우리 집

내 인생에 가장 행복했던 시절
은행 융자로 땅 사고
건물 올린 피와 땀이 스민 집

네 아이 키우며 바쁘게 살았던
수많은 이야기와
추억에 묻어있는 집

소중한 우리 아이들 꿈이
자란 보금자리
교사와 의사로 키워준 옛집

호남선 서풍다라 달리는 기찻길 옆
기적소리
아직도 내 가슴을 울리는데.

빈 집

고향 갈 때 만나는 들 가운데 빈 집,
빗장 걸어 잠근 지 오래다.

그냥 지나칠 수 없어 들여다보니
낡은 개밥그릇에
빗물만 고여 앙금처럼 가라앉아 있다.

꽃 소식 담던 편지함에 세금고지서
차곡차곡 쌓여 주인을 기다리고

생이란 길을 가다 돌 뿌리에 채이고
바람 불어 기둥마저 무너질 수도 있는 것
그 집 앞을 지날 때면 첩첩 안개 속이다.

어서 기울어진 살림살이 훌훌 벗고
꽃바람을 기원하며 그 집 앞을 지난다.

묵정밭

고향에 와서 묵정밭을 서성인다.

산비탈 황토밭은 경계선도 허물어지고
까치는 여전히 푸드득거리며 날개를 터는데
무성한 칡덩굴만 뒤덮인 채 누워 있다.

언제부터인가 산허리에 길이 나고
청남대행 흔들리는 관광버스
흥청망청 신나게 달리는데
오래된 추위가 몸 사이사이 파고들었다.

얼어붙은 새벽 풀뿌리 잡고 씨름하며
고단한 육신, 화전밭 일구어낸 아버지 굳은살
남루한 식솔들의 생이 그 곳에 매달렸다.

밭둑에 깊이 뿌리내린 검버섯 핀 감나무
거친 세상을 바라보며
눈앞에서 사라져가고
되찾을 수 없는 홍시 한 알 매달고 있다.

성묘길

산새 울고 날던
외진 산자락 길

날 반기는 목소리
들릴 듯한데

산기슭 더듬는 바람만
뺨에 스친다.

귓가에 맴돌다 사라지는
가신 분들의 육성

그리움만 서리서리
가슴에 묻는다.

환한 해바라기
― 내동생 승안이

오뚝이처럼 일어서고
맨발로 발버둥치며
심지 하나 세우고 살았다네.

손가락 마디가 옹이 지고
머리는 선머슴아
영양크림 모르는 얼굴
싸구려 옷 걸쳐도 남부럽지 않다네.

일찍이 혼자 되어
일밖에 모르고 살아
세상살이는 어둑해도
속이 꽉 찬 알배추 같다네.

불쌍한 사람 돌아보며
주머니 몽땅 털어주는
햇살같이 따뜻한 심성
환한 해바라기 미소를 보네.

가족사진

사진 속 얼굴들이 웃는다.
한 컷 순간을 위해
모델이 된 가족들
누가 더 예쁜지 그것도 잠시
차곡차곡 모아놓기도 하고
앨범 속에 넣기도 하였지만
추억을 더듬다 꺼내어 본다.

내 사랑 반쪽이 나와 한쪽을 이루어
아들 딸 사남매
사남매가 낳은 귀여운 새끼들
내 손주손녀는 나의 보물

사진 속에서 짝꿍은 함께 있는데
당신은 불러도 대답 없는
기억 저편 추억 같은 사랑인가.
가슴으로나 그리워하면서
만날 그 날을 기다린다.

육군사관학교 졸업식장에서 1

장하다, 막내아들아
대통령상이 좋아서가 아니라,
그 동안, 땀과 눈물을 이겨낸
네가 자랑스러워서다.

영광의 꽃 어사화!
흔들리는 어사화가 빛난다.
하늘의 별보다 빛나고
향기로 피어올라
온 누리가 기쁨으로 차오른다.

그러나 아들아!
이제 세상은 너희들 것이니,
맑은 물이 흐르게 하렴
맑게 흘러
맑은 역사로 남게 하렴.

육군사관학교 졸업식장에서 2

내 막내아들아,
아들의 동기생인 아들들아,
대한의 씩씩한 아들들아!

지(智) 인(仁) 용(勇)을
생활화한 것처럼
밝은 햇살 아래 빛나게 하렴.

건강하게 내딛는 걸음걸이
우렁차게 외치는 함성
내 가슴을 울리는 아들들아!

총구를 빛나게 닦듯이
옷깃에 각을 세워 다리듯이
아름다운 나라를 지키렴!

육군사관학교 졸업식장에서 3

오직 홀로 오른 산
높고도 높은 산
정상에 올라

부모에게 기쁨을
나라에 충성을!

장하다. 내 아들.
수석졸업
일등석에 앉은
내 아들
감격에 눈물이 난다.

손주들에게

귀여운 내 손주
열 마리 어여쁜 병아리
할머니 앞에선 노랑 병아리다.

아프지 않고
기쁨을 나누고
슬픔은 슬기롭게 견디고
상처에 묶이지 않고 잘 자라라.

꿈을 품고 사는 아이
자연을 사랑하는 아이가
이웃을 생각하고
친구를 생각한다.

멋진 날의 기억을 만들어
바다에 배를 띄워
희망의 돛을 올리고
힘차게 넓은 세상을 향하거라.

손녀와 함께

너희들이 날 즐겁게 하는구나.
날마다 크는 너희들을 보면
내 꿈도 자꾸 커지고
마음은 날마다 아이가 되는구나.

이 세상에 하나뿐인 내 보물들이
내 품이 안겨 금구슬 은구슬이 되고
옛 이야기에 좋아라 반짝이는 눈동자
별이 되어 꿈을 꾸네.

폰

울려오는 소리 멈춘 지 여러 날
그 절절하고 수다했던
푸른 사연 모두 지우고
꼼지락거리던 손가락도
쉼표를 달고 휴식을 가득 채우네.

서성거리던 마음 정돈되어 가고
가라앉기 시작하면서
조용함 속에서 고이는 빛이
하도 크고 넓기만 해
모든 것이 선명해지네.

긴 연결음에 조마조마한 자식들
멀리 들려오는 목소리에 아이가 된 어른
나를 이어주는 탯줄 같은 끈
서둘러 새 폰에 배터리를 충전하며
넉넉한 안부는 또 시작되었네.

그대

사랑은 이름이 필요치 않아
어느 날 나그네로 와선
살가운 정 남겨주고
떠나면 그만인가요.

그대는 나그네가 아닙니다.
손님처럼 가셔도 안 됩니다.
내 사랑 그대 사랑 전부를 두고
그리 야속하게 황망히
떠나가실 순 없습니다.

우리의 아들딸을 두고
외로운 길 혼자서 가다니
그리도 걸음걸음이 가볍더이까?
오늘부터 미워하고 원망한들
마음만은 그게 아니니
또 다시 울면서 그리워합니다.

너의 이름은

너의 이름은 대전 1루 6734 엑셀, 네가 머물던 17년 동안 켜켜이 쌓인 그리움으로 남아 언제라도 눈에 밝히리라.

잔잔한 음악에 젖어들던 드라이브 길, 마냥 포근하고 따뜻했다. 아이들 푸른 꿈 실어 날라 주었고, 억수같이 쏟아지는 빗속 짙은 안개, 온 몸으로 맞서 발이 되어 달렸지. 얼마나 많은 생을 내달렸는가? 가랑대는 늙은 숨소리, 고장 난 관절 고쳐가며, 다시 일어서고 또 일어섰지.

이별보다 더 슬픈 정지의 순간 오고, 마지막 일몰 맞이하던 날, 육중한 집게손에 물려 고철더미 속으로 내동댕이쳐 바스러진 고단했던 삶아! 언제라도 너의 이름 불러 보리라.

- 산문시로 써보았음.

운동회 날

추석을 앞두고 운동회 연습도
재미와 바람이 있어
기다리는 마음 설레는 마음
가을 하늘에 걸린 만국기처럼
바람에 휘날렸네.

운동회 날 온 마을 잔칫날
알록달록 만국기가 운동장을 채우고
청군 백군 네 편 내편 나뉘어
모두가 선수로 병정으로
열심히 싸우면 응원의 울림
학교 운동장을 흔들 때
아이들의 얼굴엔 꽃이 피어
들꽃 같고 가을꽃이 되고

어른들 마음 사람은 우리들 부모님
할아버지 할머니 우리들의 조부모님.
마을의 느티나무로 우리들을 굽어
보시던 그 사랑은 먹어도 질리지 않은
김치맛 된장 맛이네.

코스모스 길에서

가을볕에 익은 꽃
코스모스가 부풀은 꽃망울
그 꽃이 부시게 피었다.

꽃길에서 만난 아이들
귀여움이 깜짝 반한들
가을꽃 코스모스가 질투하랴!

꽃길에 아이들
아이들의 꽃이 더 예쁜데
세상의 꽃이 아름다운데

그 예쁨이 흐뭇한 가을 길
가을 길에 만난 소중함이
나의 기쁨 너의 기쁨.

어깨동무 1

풀잎에 맺힌 이슬에
치마폭 끝을 적시던 어린 시절
황톳길 따라 흙먼지 풀풀 일으켜
걸어서 등굣길 이십 리.

내 어릴 때 그 시절은
가난도 하여, 꽁보리밥 부끄러워
감추면서 먹었다.

그래도 그때 내 어린 날은
좁다란 오솔길에서 꿈을 꾸었다.
오가리강 언덕에 까까머리 단발머리
함께 손잡고 뛰어 놀았다.

그 때 신었던 검정고무신
소풍 길에 신고 자랑한 동화 속
어린이가 그 시절을 그리워하네.

어깨동무 2

양성산 정기품은 크나큰 산 아래
이름표 달랑 가슴에 달고
나이어린 아이들뿐 반백의 어른들은
간곳이 없네.

풀벌레 소리 여전히 들리는데
반짝반짝 빛나던 눈망울
어디서 볼 수 있나
어디서 들을 소식인데
고향 산에서 새싹 찾아 만지고 있나?

우리 만나 두 손 잡아
쌍무지개 만들고
어깨동무 새 동무 사진 속으로
멀어진 어린 시절 시간 속에 갇혀
대청호 물속에 잠든 학교 운동장
올챙이로 놀아 볼거나.

수박서리

부채골 선산 앞에 놓고
지금도 잊지 못하는 다른 세상에서
시간 속 미로를 더듬어 거닐어본다.

하늘엔 둥근 달 높이 걸리고
이슬 젖어드는 이슥한 밤
아이들은 살금살금 수박 밭으로 모였다.

한아름 되는 무게를 꼭 안은 채
그 속을 도통 알 수 없어 톡톡 노크소리
까만 얼굴 하얀 이 드러내고 씩 웃어보며

맞잡은 덩굴 손 두근두근거렸다.
붉은 눈물 자꾸 흐르는 마음 활짝 열고
거기 보석처럼 박혀있는 무늬를 찾았다.

6부

시인의 수필
지인의 덕담

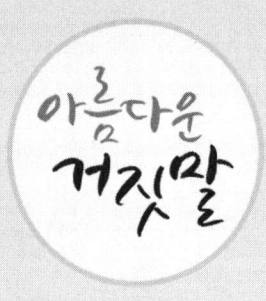

세상에서 가장 따뜻한 화해

우리집 식탁에 덮인 식탁보, 성글게 박음질한 무명천의 식탁보는 10년 세월 넘게 쓰고 있는 귀물이다. 색도 바랬고 촌스런 옷을 입고도 식탁은 불평이 없다. 그 식탁 옆 붙박이 진열장에 숨어 있는 고급 양주병, 그리고 도자기나 앉을 자리에 고물이 다 된 묵은 살림만 가득 들어있다. 됫박, 인두, 꿰맨 바가지, 불조심 등잔, 무명실타래, 쭈그러진 양은 도시락통, 그리고 십 환짜리 지폐 돈도 들어 있다. 베란다에 맷돌, 다듬잇돌, 절구에 장독으로 가득 채워져 있다.

이 물건은 시어머니께서 일생을 마치고 떠나실 때까지 만지고 쓰시던 물건이다. 나도 시집와 썼던 물건이라 애착이 가는데, 어머님은 말씀이 없었으나 며느리가 쓸 것이라 여겼을 것이다. 그래서 몇 번의 이사와 아파트 고층까지 끌고 다니며 보물처럼 여겼다. 돌아가신 지 십여 년이 넘었는데도 엊그제 일처럼 생각 키운다. 어머님은 버릴 게 없는 분이셨다. 살림살이며 솜씨며 생활의 달인, 거기다 살림 구단이셨다. 그런 분의 며느리가 마음에 들기는 어렵다.

시집살이에 눈물을 빼면서 고초당초 맵다 해도 시집살이 더 맵다는 말처럼, 난 고된 시집살이에 숨죽이고 울었다. 어머님은 부지런하시어 먼동이 틀 때를 맞춰 일어나셨다. 그리고 하시는 말씀은 "여자가 부지런해야지 게을러터지면 서방 등골이 휘어진다."고 하시며 기침소리로 깨우셨다. 아이 젖 물릴 때 잠이 쏟아진다.

단잠을 물리고 일어나야 했다. 그때 소원이 마음 놓고 자는 것이었다.

솥단지는 반들반들 윤이 나야 마음에 들어 하셨고, 부뚜막에 흘린 밥풀을 먹어도 될 만큼 흙을 개어 자주 발랐으며, 머리카락 한 올도 없는 방, 그리고 곡식 한 톨도 줍고 물 한 바가지도 헛되이 버리지 못하게 하셨다. 난 민들레 홀씨처럼 어디고 바람 타고 훨훨 날아가고 싶었던 마음을 다잡으며 뿌리 내리고 싹 틔워 환경에 적응할 때까지, 삼십 년 세월로 자란 나무가 되어 갔고 마음도 몸도 가벼워졌다.

아무렴 어머니께서 내가 미워서 그런 것은 아니다. 가르친 것이 보배로운 교훈으로 난 어느새 어머니를 닮고 있었다. 훌륭하고 강한 모습만 보여주셨던 어머니께서 위암이란 진단을 받고도 수술도 할 수 없는 말기암으로 자리에 누우셨다. 병마와 싸우며 꺼져가는 모습이 너무 안쓰러워, 보는 내 마음은 얼얼하게 아팠다. 대소변을 받고 미음을 쑤어 드리며 정성으로 보살펴 드렸으나, 뼈만 드러낸 가슴은 종잇장처럼 얇았다. 내가 할 수 있는 것은 어머님 배를 따뜻하게 쓸어 드리는 것이었다. 그 때 꺼져가는 어머님 목소리가 나를 불렀다.

"에미야. 에미야!"

난 어머님 손을 꼭 잡아드렸다.

"어머니, 하시고 싶으신 말씀이면 하세요."

그 말을 하면서 가슴이 뛰었다. 올 것이 왔다는 절망이었다.

"미안타. 너에게 모질게 한 것이 미안타. 서운한 것 있으면 다 풀어라."

"아니에요. 어머니 제가 철이 없어 잘 못한 게 많았어요. 용서

해주세요."

복받치는 마음의 눈물로 화해하는데, 곁에서 할머니 다리를 주무르고 있던 딸도 같이 우니 눈물바다가 되었다. 그리고 사흘 뒤 먼 나라로 가셨다. 길고도 긴 세월, 시어머니의 며느리로 만나 동거와 동행을 하면서 좋은 날만 있었겠는가. 서운하고 때론 밉고 상처받고 원망하고 이 모든 게 인간적인 정으로 굳어서 때늦은 후회로 아쉬움으로 남게 마련이다. 내가 사랑하는 남편을 낳으신 어머님은 나의 어머니가 되셨으며, 식탁보도 만들어 주셨다. 난 식탁보를 만지며 어머니를 생각하고 눈시울을 적신다.

사랑한다 애들아

　사랑한다. 사랑한다는 말로 내 아이들을 부른다.
　오홍주, 홍미, 선미, 홍상아! 너희들 이름을 하나하나 부르며 얼굴을 그려본다. 눈에 넣어도 안 아픈 자식들이 엄마를 부르며 달려와 내 품에 안길 것 같구나. 어느새 훌쩍 자라서 에미 둥지를 떠난 새들처럼 세상의 하늘로 비상하고 있는 너희들을 보고 싶을 때 핸드폰에 저장한 사진을 한없이 바라보고 또 바라보고 있단다.
　너희들을 생각할 때마다 괜스레 짠한 마음에 눈시울이 촉촉이 젖어들고 어릴 때의 추억이 생각나면 웃어보기도 한단다. 너희들을 낳고 나는 엄마가 되었다. 자식과 어머니 사이는 그냥 사랑이다. 갓 태어난 아기들에게 젖을 물리던 어미 마음 그대로 보듬고 살아가고 있단다.
　너희 4남매 키울 때 참 행복했었지. 둥근 두레상에 할머니, 아빠, 엄마, 일곱 식구 내 손맛의 음식을 맛있게 먹으며 시끌벅적하고 웃음 꽃 피던 시절, 이른 아침에 늘 동요를 들려주어 잠을 깨웠지. 즐거운 소리에 불평 없이 눈 비비고 일어나 준비물을 챙기고 가방을 싸던 고사리 손길들. 딸들의 보드라운 머리를 곱게 빗겨 리본으로 매만져주던 그때가 그립고 그립구나. 갑자기 내린 소나기로 집에 갈 걱정할 때, 학교 교문 앞에 우산 들고 서성거리던 엄마 모습이 제일 생각난다고 했지. 모두가 정겹고 아름다웠던 시절이었다.
　나에게 꿈과 보람과 기쁨을 듬뿍 안겨준 너희들이 반듯하게 잘 자라 준 것이 고맙구나. 뒤돌아보면 부족한 것이 참 많았다. 꼭 사주겠다고 약속 한 것도 지키지 못했고, 배불리 먹이지도 못하고 무엇 하나 풍족하게 해준 것이 없었다. 너희들에게 왜 그렇게도 못해주었던지 그때를 생각하면 지금도 가슴이 조여오고 미안하구나.

오늘도 열심히 살아가고 있는 너희들에게 꼭 당부하고 싶은 것이 있단다. 주어진 것에 늘 감사하며 최선을 다해 살아가길 바란다. 너희 4남매 지금처럼 의좋게 지내고 언제까지나 변치 말고 서로를 보듬어주며 끈끈한 혈육의 정을 사랑으로 채워가길 바란다. 그리고 건강 잘 지키고 온화한 가정 만들어 즐겁게 인생을 살아가는 지혜가 있으면 좋겠다.

너희들이 태어나 준 것이 얼마나 감사하고 기쁜지 모르겠다. 내가 지금까지 살아온 것도 앞으로 살아갈 것도 오로지 너희들이 있어서구나. 너희들은 나의 바람이고 버팀목이고 내 전부란다.

이제 한걸음 뒤로 물러나서 알콩달콩 살아가는 너희들 모습 조용히 바라보며, 나의 보물 1호 귀여운 손주들 재롱이나 보련다. 맑고 밝은 마음 고이 담아 황혼을 아름답고 곱게 지켜가고 싶구나.

너희들밖에 없는 엄마가 2018년 9월

할머니 육아

교직에 몸담은 딸이 방학을 하면 나도 방학이다. 딸네 집에서 생활하다 내 집으로 와서 나를 위한 시간을 가지며 혼자만의 여유와 휴식을 취하고 있다.

잡은 날짜는 금세 다가온다. 개학이 며칠 안 남았다. 왠지 두려움이 몰려든다. 손주 셋 양육과 딸 사위 다섯 식구 살림을 맡아서 하는 책임이 나를 두렵게 한다. 힘껏 나름대로 노력하지만 과연 잘하고 있는지, 지난 5년의 세월에 묻혀 살면서 아이들 유치원 등하교와 목욕을 시키고 간식을 하루도 빼놓지 않고 챙겨 먹이며 잠을 재우고 한 방에서 잠을 재우고 생활하다보니 정이 듬뿍 들었다. 나 나름대로 훈육도 하고 손주들을 사랑하기에 정성을 다한다.

그러나 할머니는 할머니이다. 아무리 정성을 쏟아 거두지만 제 어미 퇴근을 기다리고 있는지 잘 놀다가도 현관문 열리는 소리에 모든 것을 멈추고 뛰어나가 "엄마!"하고 안기고 매달린다. 어디 그 뿐인가. 출근 준비로 분주한 엄마 곁을 서성이다가 치맛자락을 붙잡고 말을 거는 걸 보면 무언가 아쉬운 모양새다. 조부모가 주는 사랑으로는 다 채워주지 못하는 것 같다.

아이들 셋을 어릴 적부터 내 손으로 보살펴서 그런지 저녁이면 베개를 들고 내 옆으로 다가오는 예쁜 아이들, 그 작은 손으로 온몸을 주물러 주면 시원하고 하루의 피로가 달아나 버린다. 할머니가 잠결에 차내 버린 이불을 덮어주며 다독여 주는 착한 손길들이 있어 고맙기만 하다. 아이들은 병아리 부리 같은 입술로 내게 뽀뽀를 하며 사랑한다고 말한다. 꾸밈없는 사랑이 입 안에서 톡톡 터지는 것 같다. 내가 주는 사랑보다 받는 사랑이 더 크다는 생각이 든다.

친구들이 "이제 그만 놓아라. 자신의 삶도 살아야지 나중에 무릎 고장으로 고통 받을 텐데…." 그런 말도 가끔은 듣기도 민망하다. 안쓰러운 눈빛으로 걱정해주는 친구들에게 이 나이에도 직장인이라고 뽐내지만 손주들을 키우는 일은 쉬운 일만은 아니다. 황혼 육아는 육신의 피로를 감수해야 되고 자신을 위한 시간을 포기해야 된다.

밤새 아이들이 아프면 애간장을 태우며 간호를 해야 되고, 나도 아이가 되어야 한다. 옛날 내가 클 때처럼 어리숙하고 가난한 시대도 아닌 지금 세상이 만든 조기교육을 따라갈 수 없기에 육아 지식이 담겨 있는 책도 찾아 읽고 조부모 강의도 듣는다. 손주들과 세대 차이가 크기 때문에 배워야 아이들의 눈높이를 대할 수 있어서이다.

오래오래 울타리가 되어주고 싶지만 이제 내 나이도 가을의 낙엽이다. 무릎 통증과 여기저기 고장이다. "양육의 질은 혈육에 대한 할머니의 따뜻한 사랑을 넘볼 수 있느냐."고 한다. 이 맑고 고운 아이들을 키우는 일은 값지고 보람 있는 일이다. 내 손이 필요 없을 때보다 먼저 헤어질 날이 올 것이다. 이제 아이들도 많이 자랐다. 막내 손주가 초등학교 1학년이다. 함께 사는 동안이라도 더욱 잘해주고 사랑을 듬뿍 주려 다짐한다.

옛말에 외손자를 귀해하느니 방앗공이를 귀해하라 했다. 그 말 뜻은 알지만 무조건 사랑한다. 할머니 사랑은 홀로 사랑, 짝사랑이라도 할 것이다. 행복이라는 말이 몽글몽글 피어나는 동화 같은 삶이 있어 오늘 하루도 즐겁다.

작은 실천 큰 기쁨

나에게는 '먹거리가방'이라고 이름 붙여준 녹색 가방이 있다. 어깨끈도 튼실하며 웬만한 무게도 잘 견딘다. 내 등에 업혀 인정을 가득 담아주는 짐꾼 노릇을 톡톡히 한다. 가방을 짊어지고 일주일에 한 번씩 찾아가는 곳이 있다. 평송수련원 내 YMCA 사랑의 먹거리 운동본부이다.

그곳에는 아름다운 사랑의 손길들이 있다. 각지에서 물심양면으로 음식물들을 정리해 지원해주시는 사장님들, 그리고 선물 받은 야채를 다듬고 손질해서 반찬을 만들고 곰탕도 직접 고아서 배고픈 이웃들에게 일 년 열두 달 변함없이 도시락을 전달하는 자원봉사자들이 있다. 나는 이곳에서 세 가족이 일주일 쯤 먹을 수 있는 양의 반찬과 간식 등을 받아 수혜자께 전달하는 봉사를 5년째 하고 있다.

숨 가쁘게 달려온 지난날들이었다. 이제 내 나이도 쉰을 갓 넘은 건강한 몸의 청춘이다. 아이들은 다 자라서 어미의 손길이 필요하지 않다. 시간의 여유가 생기면서 늘 마음속에 꿈꾸어왔던 봉사활동을 굳게 마음먹고 실천하고 있다. 내 발이 움직이는 동안 나를 부르는 곳으로 거침없이 달려가 모든 정성을 바치고 싶다. 음식 나르는 일 밖에 없는 줄 알았는데 그 분들에게는 큰 힘이 되고 큰 위로가 된다니 감사하기만 하다.

내 가까운 이웃에 살고 있는 분들의 딱한 사정이야기를 통장님을 통해 듣게 되었고 세 가정을 소개받아 돕게 되었다.

첫째, 이노옥 할머니께서는 팔십이 넘으신 고령이시다. 하나뿐인 자식은 소식이 끊긴 지 여러 해 되었고 나라에서 주는 얼마의 보조비는 병원비로 모두 쓰시고, 단칸 사글세방에서 아픈 몸을 이끌고 고물을 주워 생활하고 있다.

둘째, 내 또래 아저씨는 몹쓸 병 때문에 손과 발이 불편하고 동작이 자유롭지 못해 온종일 누워 지내시다 내가 부르는 소리에 어두컴컴한 방안에서 대답을 한다.

셋째, 노을이 아빠는 앞을 볼 수 없는 시각장애인이시다. 아내와는 일찍 사별하고 어린 자식 남매를 키우시는 가정이다.

처음 이분들을 만났을 때는 왠지 모를 슬픔과 안타까움에 도시락을 전해주고 빈 그릇을 챙겨 뒤돌아 나올 때 뜨거운 눈물이 가슴으로 흘러내렸다.

이들의 아픔과 서러움을 어찌 글로 다 쓸 수가 있을까. 내가 오는 날을 손꼽아 기다리는 외로운 사람들과 두 손을 마주잡고 서러운 이야기를 귀담아 들어주며 위로를 해준다. 내 건강한 몸으로 누군가를 도울 수 있다는 것은 뜻 깊고 의미 있는 일이다. 기쁨 그 이상의 뿌듯한 보람을 느낄 수 있고 행복하다.

전화 한 통에

늦은 아침 전화 한 통을 받고 분주해졌다. 작은 아들의 전화다. 꼬마 손님께서 온다는 소식에 마음 따라 몸까지 바람이 잔뜩 든 풍선이 되었다. 손녀 여섯, 손주 넷이 다 모이면 이 세상에 하나밖에 없는 행복을 가진 것처럼 웃음이 절로 나온다. 손주들 얼굴을 떠올리며 창문을 모두 열어놓고 대청소부터 한다.

'간식은 무얼 먹일까?' 아이들이 좋아하는 반찬을 생각 속에 차곡차곡 넣어놓고, 또 걱정 아닌 걱정을 하면서 베란다에서 보이는 길을 나도 모르게 살피고 있다.

아직은 올 시간이 아닌데…. 방학이면 의례적인 행사다. "할머니 집은 너무 좋아. 최고의 별장이야! 여기서 살았으면 좋겠다." 나도 모르게 별장이 된 아파트. 난 꼬마 손님을 맞이하려고 이것저것 먹을 것을 사들고 왔다. 곧 도착한다는 전화 때문이다. 아파트 초입부터 맞이하고 싶었다. 가방을 메고 들고 달려오는 아이들을 차례로 껴안고 반갑게 환영을 한다. 현관문을 들어서면서부터 적막강산 같던 집은 떠들썩하고 웃음소리가 방안 가득 번진다.

내 별명은 유치원 원장이다. 햇병아리 같은 손주들이 내 뒤를 졸졸 따라 다니는 생각만으로도 웃음이 절로 나온다. 집을 나설 때는 둘씩 손을 잡게 하고 실내 방방 놀이터로 데리고 가서 실컷 뛰어놓게 한다. 언제부터인가 단골손님으로 특별할인에다 시간도 넉넉히 주어 최고의 피난처이고 놀이터인 셈이다. 어린 손주들이 온다면 늘 걱정을 하게 된다. 조용히 하라고 아무리 타일러도 안 되는 것이 있다. 야속한 잔소리는 금세 잊어버리고 우르르 뛰어다니며 우당탕탕 소리가 요란하다. 아랫집에 민망하고 퍽 미안하다. 언젠가는 아이들도 무럭무럭 자라 철이 들것이다.

하루하루 즐거운 시간을 만들어 주고 있다. 오늘은 우리 집 옆으로 흐르는 유등천 시냇가로 소풍을 나왔다. 풀이랑 꽃이랑 잠자리랑 친구 되어 신나게 놀고 바짓가랑이를 적시며 물속으로 첨벙첨벙 들어가 작은 물고기들과 숨바꼭질하다 미끄러져 물속으로 풍당 빠진 모습에 환호성을 지르며 웃는 아이들, 열심히 잘 노는 모습이 예쁘기만 하다. 손주들은 귀한 보석이고 가장 사랑스러운 대상이다. 씩씩하게 자라는 모습을 보는 것만으로도 큰 기쁨이다.

꿀맛 같던 며칠이 흐르고 손주들이 제 집으로 떠나는 날, 시무룩한 아이들의 맑은 눈에 눈물이 그렁그렁 고인다. 할머니도 이내 서운해져 가슴이 먹먹하다. 고사리 손을 흔들며 헤어진 어린 손주들은 할머니를 부르며 한참을 울고 기다 잠이 들었다고 한다. 손주들을 태운 승용차가 안보일 때까지 바라보다 집안으로 들어서니 텅 빈 집안이 쓸쓸하고 허전함이 내 몫으로 남는다. 아마도 며칠은 아이들이 눈에 밟히고 웃음소리가 귓가에 쟁쟁 댕그렁 종소리로 들릴 것이다. 거실 유리창에 찍어놓고 간 얼룩진 손가락 자국도 참 예쁘다. 무사히 잘 도착하였다는 전화를 받고서야 마음이 놓인다. 손주들이 먹다 남긴 음식을 먹으며 이불 빨래며 대청소를 하며 서운함을 잊는다.

먼 훗날 아이들이 자라 어른이 되어도 할머니와 이 지상에서 나눈 아름다운 이야기는 추억 속에 오래오래 간직하고 싶다. 이뻐할 수밖에 없고 늘 보고 싶은 내 손주들아 사랑한다. ♡

숲속에 무엇이 있어 날 데려갈까

　바람을 따라 갑니다. 숲길로 접어드니 푸른 잎을 흔드는 시원한 바람의 노래가 들립니다. 진초록 잎사귀에 빗금 햇살이 눈부시고 피톤치드 향이 몰아치듯 내 품에 안기고 있습니다. 이름 모를 산새들의 청량한 지저귐에 숲은 잠에서 부스스 깨어납니다. 함초롬히 피어있는 산나리 주홍빛이 오늘따라 아름답고 귀엽습니다. 땅 위에 기어 다니는 작은 생명체들의 느리고도 부지런한 움직임에 눈을 떼지 못하고 오랫동안 바라보고 있습니다.

　영혼 치유의 숲속에서 내 마음의 쉼터를 마련합니다. 몇 해 전 사랑하는 사람과 긴 이별을 하고 몸과 마음이 무척 힘들고 지쳐있을 때 나를 불러준 곳입니다. 나무 의자에 등을 기대고 조용히 앉아 자연과 동화되어 이야기를 나누고 있습니다. 오래 묵은 감정들을 만나 기도하고 헤어지기도 합니다. 모든 슬픔을 털어놓고 나면 아픈 속을 달래주기도 하고 상처를 어루만져 주며 치유해줍니다. 나쁜 생각에 잠시 흔들리다가 슬며시 바람에 담아 멀리 날려 보내고 나면 이내 평온이 찾아옵니다.

　마음이 아픈 상처가 있는 이들은 이곳으로 오십시오. 티 없이 맑은 생명들이 살고 있는 숲속에서 가슴에 맺힌 스트레스를 씻어내십시오. 내 인생의 외로움은 나무에게 기대도 좋습니다. 깊이 묵상하며 자연의 진한 사랑에 빠져보십시오. 삶의 진지한 모습을 뒤돌아볼 수가 있습니다. 마음을 정화시켜주고 심신의 건강을 되찾아줍니다. 이곳은 우리들의 위안이고 이웃입니다. 숲속은 무언의 도량입니다.

나는 순리대로 물들고 이끄는 대로 나아가는 사계절의 숲처럼 건강하게 숨 쉬며 하루하루 성숙해져 갑니다. 숲에 이는 바람처럼 낙엽이 되는 봄처럼 가벼이 살고 싶고 그렇게 살도록 마음먹을 것입니다. 주어진 자리에서 꿋꿋이 서는 나무처럼 푸르게 자랄 것입니다.

나의 추운 겨울을 녹여주고 따스한 햇볕으로 채워준 고마운 숲, 오랜 친구 같은 말간 얼굴이 옆에 있어 외롭지 않습니다. 예순하고도 네 바퀴 묶은 마음에도 진초록 물이 담뿍 들었습니다. 영원히 변치 않는 오랜 친구가 보고 싶어 날마다 만나러 갈 생각만 합니다. 아이 같은 눈과 때 묻지 않은 자연을 닮으려 나의 발자국 소리를 기다리는 숲속으로 오늘도 찾아듭니다.

보리 예찬

첫 여름을 달군 햇볕이 게을러지고 있을 때 어디선가 목 쉰 소리로 노래를 부르며 나를 부른다. 그 소리의 주인공은 땅 속에서 7~8년을 기다리다 세상 밖으로 나온 수매미라는 걸 소리로 알 수가 있다. 반가운 소리에 잠기다 베란다 내 방 창가에 보릿대로 엮어 매달아 놓은 여치 집을 바라본다. 문득 아련한 옛 추억이 떠오른다.

50년 전 봄이면 산골마을 외딴 우리 집 주변으로 초록물감을 풀어놓은 듯 청보리 밭이 실바람이 크게 넘실거렸다. 갈래머리 소녀들은 보리밭을 배경삼아 어깨를 나란히 걸치고 기념사진을 찍었다. 그 시절이 생각나고 그리워질 때면 흑백사진 속 순박하고 어여쁜 얼굴들을 바라보며 향수에 젖어 보곤 한다.

가을에 파종한 여린 보리 싹이 얼어붙은 땅에서 한 겨울을 나고 봄 햇볕에 기운을 받아 언 땅이 녹기 시작하면 보리 싹이 묵묵히 올라와 봄 잔치에 초록을 더했다. 남도의 꽃 소식이 올라오고 종다리와 물새떼들이 사랑을 나누며 미처 싹을 틔우지 못한 보리 먹이에 신바람이 나 있었다. 들꽃 같던 아이들도 깜부기를 뽑아 풀꽃 냄새나는 보리피리를 만들어 불며 들판을 누비며 달렸다.

오륙십 년대 봄이면 곳간에는 곡식이 거의 바닥이 나고, 햇보리가 나오기 전 허리가 꺾일 정도로 굶주림을 겪으며 보릿고개의 긴 긴 해를 넘어야 했다. 아무리 사는 것이 힘들다 해도 배고픈 설움만은 못하다. 보리 이삭은 삶의 희망이었다. 보리쌀을 맷돌에 갈아서 끓인 나물죽이나 보리개떡, 보리미숫가루, 보리단술은 우리들의 고마운 생명줄이었다. 너무 바빠 농부가 발등에 오줌 싼다는 계절이 돌아오면 보리 탈곡소리가 이집 저집 담 너머로 들려왔다. 탈곡을 끝내면 보리 까시리 때문에 여간 고역이 아니었다. 어스름 저녁이 찾아오면 냇둑에 옷을 홀라당 벗어놓고 풍덩풍덩 물속으로 뛰어 들어가 멱을 감았다. 총총 뜬 별빛 푸른 숲에는 반딧불이가 꽁지께 형광 불빛을 달고 신비스런 요정같이 밤하늘을 아름답게 수놓았다.

미끄럽고 거친 보리밥이 정말 싫었지만 그 보리밥도 못 먹던 시절에 자란 기억이 아직도 살아나 내 것이 되었다. 십오 리나 되는 등굣길 보자기에 싼 노시락을 허리춤에 둘러메고 발을 디딜 때마다 달그락거리던 양은 도시락통을 점심시간에 열어 보면 고추장물이 든 꽁보리밥이 한쪽으로 쏠려있었다. 조용하던 교실에 보리 방귀 소리가 들리면 방귀쟁이는 엉덩이를 오그리고 얼굴이 빨개져 고개를 들지 못했다. 몇몇 아이들이 싸온 허연 쌀밥이 얼마나 먹고 싶던지 부러움의 대상이었다. 부지런히 자라 부자가 되어 쌀밥을 배부르게 실컷 먹어보는 것이 어릴 적 소원이었다.

물리도록 먹고서도 외식을 할 때면 보리밥집을 자주 찾는다. 꽁보리밥에 반찬이래야 푸성귀 서너 가지, 열무김치, 고추장에 된장찌개다. 푸짐하게 퍼준 보리밥을 큰 그릇에 쓱쓱 비벼 한 그릇 뚝딱 게눈감추듯 먹고 난 뒤 후식으로 나온 구수한 숭늉 맛은 어느 산해진미에 비교할 수 있을까. 최근에는 건강 열풍이 불어 통일벼 쌀에게 밀려난 토종 보리가 특별식이 되어 보리밥집을 찾는 이들이 많아져서 효자 노릇을 톡톡히 하고 있다.

시골에서 자란 아이들은 누구나 이 정서를 그리워할 것이다. 드넓은 들판 위에 한없이 펼쳐진 초록 물결이 보고 싶다. 누렇게 익은 보리 냄새가 코끝에 와 닿는다.

아름다운 동행

달력을 본다. 2017년 해가 저무는 7월이 숨이 찬데도 나이를 먹어야 한다. 아무리 먹어도 배부르지 않은 나이가 무겁다고 느낄 때 세월의 무게도 실감한다. 인생 시작은 육십부터라는 말로 위로받는 나, 칠학년, 아직은 청춘이다. 경로당에서 애 취급 받으며 사랑도 받고 싶어 가족이 되었다. 그런 저런 즐거움을 느끼면서 경로가족 나들이에 동참하고 왔을 때 인생은 아름다운 것이다. 황혼빛 노을빛이 더 붉고, 눈부시도록 아름다운지 알 것 같았다. 나뭇잎이 가을길에 외로이 뒹굴어도 갈 때를 알고 후회 없이 삶을 살았기 때문이 아닌가. 그래서 남은 인생 곱게, 저 붉고 노오란 나뭇잎처럼 살고자 다짐도 한다. 가을여행에 모두 소풍가는 아이가 되었다. 곱게 화장도 하고 입술엔 꽃이 피었다.

그러나 몇 분은 지팡이를 의지하고 휠체어에 몸을 실은 분이 계셨다. 밀어주는 격려에 힘입어 한 번도 빠진 적이 없다는 이야기에 이웃의 정, 그리고 가족이란 공동체의 일원이 된 것이 자랑스럽기도 했다.

차는 움직이고 우린 모두 흔들리면서 목적지로 가는 것이다. 회장님의 인사말이 지난 삼복더위에 지친 몸과 마음을 가을바람에 부웅 떠가는 구름이 되었다. 여행 일정은 진주성에서 하차, 임진왜란을 막으며 지켜낸 성을 휘감고 도는 진주남강의 물이 전설처럼 흐르고, 촉석루에 어린 논개의 애국청정을 생각해 보는 뜻 있는 여행이었고, 진주의 음식을 맛보며 한 끼의 소중함을 알고 먹었다. 짧은 시간이었으나 진주의 역사를 조금은 알고 맛난 음식을 대접받고 떠났다는 고마움을 안고 남해 해안을 향해 달려간다.
　이제부터 좀 더 느긋하니 자연이 손짓하는 해변으로 가자. 걸어도 좋고 그냥 서서 바라봐도 좋은 바다로 가자. 하루의 여행이 꿈같았던 오늘. 해질녘이면 돌아갈 초록마을2단지 살기 좋고 인정 많은 우리 동네. 서로 사랑하고 의지하니 황혼길 외롭지 않네. 오늘도 감사하는 마음으로 살런다.

골목길 여행 속의 추억

 가을색에 맞춰 겨자색 점퍼에 진갈색 모자를 쓰고 거울을 본다. 거울 속에서 주름진 얼굴에도 무르익은 가을 냄새가 물씬 배어나온다. 배낭 하나 가볍게 메고 훌쩍 집을 나선다. 느릿느릿 걸으며 가을바람의 살결에 실려, 파아란 하늘에 가슴을 안기며, 어느새 마음은 여유로워지고 행복이 가득히 다가온다.
 청주로 가는 버스로 갈아타기 위해 신탄진 역 앞 승강장에서 내렸다. 오늘이 마침 5일마다 서는 신탄진 장날이다. 아직 이른 시간인데도 부지런한 사람들의 흥정하는 소리와 생선장수의 노릇노릇한 입담들이 오고간다. 그 사이사이로 시골에서 갓 올라온 여름내 통통 여문 햇곡식과 풍성한 과일, 그리고 가을 햇볕을 듬뿍 먹고 자란 푸성귀들이 주인을 기다리고 있다. 길가에 정보를 풀어놓은 할머니들의 자잘한 일상도 소박하기만 하다.
 시골 장터에서 잠시 쉬면서 마음을 가라앉힌 뒤 청주행 버스에 몸을 실었다. 깊어가는 가을 창가에 기대 앉아 그림처럼 펼쳐지는 풍경들을 바라보았다. 가을걷이를 끝낸 빈 들의 허수아비도 누구를 목마르게 기다리고 있는 것만 같았다. 산야를 수놓으며 곱게 물든 단풍잎들을 만난다. 가지마다 뽐내며 달고 있는 감나무의 감빛도 선명하고 곱기만 하다. 흐르는 시간 속에서 빛을 내며 영근 알맹이들의 축제, 그 천연덕스러운 자연의 질서 앞에 저절로 고개가 숙여진다.
 내가 찾아 가는 곳은 언제부턴가 주체할 수 없이 끌리는 청주시의 마지막 달동네 수암골이다. 우암산 자락에 자리 잡은 달동네 수암골에 들어서면 과거 속으로 되돌아가는 '아트 투어'가 시작된다. 매번 그렇지만 입구에 있는 '삼층상회'라는 예스러운 간판을 단 구멍가게 앞을 지나 오르막 골목길에 접어들면 작은 벽마다 예쁜 벽화가 나의 눈길을 사로잡는다. 숨바꼭질, 솜털구름, 먹보, 울보영지, 바닷가 풍경, 아이스께끼 가게, 웃는 삼남매 등 그림 앞에서 발걸음이 저절로 멈춰진다. 마땅한 놀이터가 없던 시절, 골목길은 아이들 차지였다. 고무줄놀이, 술래잡기, 구슬치기, 딱지치기로 해가 저물도록 놀고 놀았다. 파란 통을 어깨에 멘 아저씨가 "아이스께끼 얼음과자" 아이들을 부르는 소리가 나면 얼마나 먹고 싶었던지. 그 시절이 그리워 눈물이 핑 돈다.

  모퉁이를 돌아설 때마다 정이 흐르는 좁은 골목길이 양쪽 집 대문 앞으로 나 있다. 옆집과 이마를 마주한 낮은 지붕들, 담장 너머로 아랫집이 훤히 내려다보이는 윗집, 잔기침 소리를 들으며 정답게 오순도순 살아가는 이웃들의 모습이다. 투박한 나무 문패를 달아놓은 파란 대문집 할머니의 옛이야기들에 가슴 한켠이 무너져 내린다. 마당도 없는 작은 터, 방 두어 평 남짓했다. 안방, 웃방, 쪽마루가 전부인 이 집에서 수십년을 시부모를 모시고 살면서 육남매를 낳아 모두 출가시키셨단다. 비록 작고 빛바랜 사진 같은 집이었지만, 그곳에서 웃고 울며 함께 잠들었을 소중한 삶들이 스며 있는 듯해 애틋하기만 했다. 더욱 가슴이 아픈 것은 바쁘게 변해가는 세상 속에서 사라져 가는 이런 정서들 때문이었으리라. 다행히 이 마을은 외부 개발에 대해 자생적으로 대처하여 자신들의 삶의 터전에 자긍심을 가질 수 있도록 기획되었다는 설명을 들을 수 있었다.

짧은 하루의 여행길이었지만 유년의 추억이 담긴 좁은 골목길과 산 아래 달동네를 바라볼 수 있어서 여간 기쁘지 않았다. 하루의 여정에 밝은 달이 되는 마음으로 가벼이 돌아간다.

고향집 샘물가

　세월이 강물처럼 흐르고 나이가 들면서 고향이 그립다. 문득 생각이 날 때 파아란 하늘이라도 보아야 했다. 고향은 어릴 적 동심(童心)이 살아있고 부모님의 사랑이 느낄 수 있다. 아늑한 위안도 받고 올 수 있다. 대청호 물속에 잠들고 있을 내 고향 충북 문의를 찾아가는 길. 그 길에 뿌렸을 그리움을 찾아간다. 제 2의 고향 대전서 신탄진은 금강을 공유한 이웃인데 멀게 느껴지는 것은 찾아가는 고향이 옛 고향이 아니고 부모님을 뵈올 수 없기 때문이다.
　가는 길 구불구불 구룡산을 바라보며 산의 향기 물 향기에 젖어 마음은 벌써 고향 하늘가 구름으로 떠 있다. 친정집 뒤뜰엔 앵두나무, 살구나무, 자두나무가 심심하지 않도록 심어져 있어 가난한 시절에도 배고픈 건 모르고 컸다. 햇볕 잘 드는 마당가 장독대 앞엔 매화꽃이 눈 속에서 운치 있게 휘어진 가지에 꽃을 달고 파르르 떨었을 때 봄은 와 있었다. 이렇게 아름다운 기억이 있는 우리 집 울안에 있던 우물은 가물어도 샘솟는 맑은 물이 넘쳐서 동네 아주머니들이 물동이로 날랐다.
　해질녘 분꽃이 필 때면 버재기에 보리쌀을 닦던 어머니, 그리고 아주머니들이 오래된 내 그림의 모델인 듯 지워지지 않고 변색도 없는 그대로 살아있는데 집은 간데없이 사라졌다. 내 마음의 수채화, 파아란 하늘 아래 박넝쿨이 올라가서 박덩이가 보름달로 떠 있으려면 난 또 그려야 한다. 내 나이 어릴 적 돌아가신 어머니 보름달이 되셨다는 슬픈 기억 속에 청수를 떠 놓고 달님께 빌고 계셨던 내 어머니 촛대같이 하얗게 지워졌다.

  떠오른 구름 속에서 나온 어머니 기억은 눈물이 되었지만 추억은 아직까지 내 유년의 가을 냇가 고추잠자리로 날고 있다. 내 고향이 묻힌 대청호를 원망하랴. 저리도 푸르른 강물을 사랑하랴. 물은 그대로 고마운 생명을 잇고 샘이 되고 강이 되는데 물을 사랑해야지. 가끔 눈물이 되지만 물은 물이다.

두 달 동안의 동거

태풍이 몰려오고 세찬 소나기가 쉬지 않고 온종일 내리던 날, 우산을 쓰고 빗소리를 들으러 유등천 냇가를 거닐었다. 흙탕물이 차츰차츰 차오르며 징검다리를 지우고 냇둑의 절반쯤까지 불어나고 있을 때였다.

무심코 바라본 곳에서 까만 점 두 개와 눈길이 마주쳤다. 돌 틈에 붙어 있는 아기 손톱만한 다슬기였다. 순간 머리털이 설 정도로 긴장하며 온통 생각이 다슬기에 머물렀다. 삼켜버리려는 듯이 욕망 가득한 본능의 아가리를 벌리고 있는 소용돌이, 그 가늘고 여린 생명이 버티기에는 무서운 소용돌이였다. 금방이라도 거친 물살에 휩쓸려 떠내려가 어디쯤 자갈 속에 파묻혀 헤어나오지 못할 것 같았다. 안간 힘으로 매달리고 있는 다슬기를 두 손으로 뜨겁게 꼭 안았다.

비가 그치고 물결이 잠잠해지면 제가 살던 곳으로 데려가 주기로 마음먹고 집으로 함께 왔다. 넓은 유리그릇에 자잘한 돌을 밑바닥에 깔고 조개와 소라껍질과 바다에서 주워온 하얀 몽돌도 올려놓고 물 위에 동동 뜨는 옥잠화 푸른 잎을 올려놓으니 운치 있는 예쁜 집이 완성되었다. 마음 편히 쉬었다 가길 바라며 햇살 비추는 창가에 두고 물을 가득 채워 주었다.

하루가 가고 이틀이 가고 지루한 우기(雨期)는 끝나지 않았다. 두 달 동안 물이 불었다 빠졌다 반복하며 여름 내내 궂은 날이 계속되었다. 흐린 날이면 유독 적적해지는 집안에서 그들과 놀면서 시간을 보내게 되었다.

 무엇을 먹고 사는지 도통 알 수 없는 다슬기들은 긴 목을 내밀고 이리저리 둘러보기도 하고 돌 밑으로 숨바꼭질을 하기도 하였다. 톡톡 건들며 장난을 걸면 재빨리 집 속으로 들어가 숨죽이고 있는 모습은 한없이 바라봐도 질리지 않았다. 그렇게 시간을 보내노라니 아기 새가 다 자라 떠나간 빈 둥지 같던 집안에 모처럼 따스한 온기가 감돌았다. 그들은 마치 작고 부족한 것이 많았던 생활 속에서도 어여쁘게 놀던 내 아이들의 어릴 적 같았다.

 그러나 내 아이들이 내 곁을 떠나야 했던 것처럼 때늦지 않게 보내야 한다는 인생의 경험치로 아쉬움을 꾹꾹 누른 채 가슴 아린 작별을 하였다. 이별 뒤에야 비로소 틈만 나면 다슬기 곁으로 다가가던 즐거움도, 가둬놓은 미안함도, 혹시 잘못될까 걱정하던 마음도, 그리고 헤어지기 싫어 망설여지던 마음도 한결 가볍게 정리되었다. 미세한 물의 일렁임을 일으키며 아주 느리게 걸어가는 그들의 조용한 걸음걸이에 여유로움이 묻어났다. 살아서 움직이는 아름다움이여!

 아직도 눈에 삼삼한 그들이 보고 싶어서 오늘도 유등천 냇가를 찾았다. 그들은 하늘빛과 구름이 거느리고 있는 햇볕과 바람이 자유로이 흐르는 시냇가에서 살이 포동포동 오르고 무럭무럭 잘 자라고 있을 것이며, 그곳에서 마음껏 놀면서 헤어졌던 가족들을 만나 살고 있을 것이다. 그들이 있을 듯한 곳을 물끄러미 바라보며 말을 건넨다. 아무런 대답이 없지만 그들은 내가 와 있는지 알고 있을 것이다.

 노오란 단풍에 가을 편지를 써서 물결 위에 띄운다. 친구들아 건강하길 바란다. 안녕.

2002年의 봄

이 해 봄 2월 22일. 전화벨이 울렸다. 시계를 올려다보며 수화기를 들었다. 6시다.
"여보세요."
난 목소리를 낮게 깔았다.
"어머니! 아들입니다. 놀라지 마십시오. 대통령상을 받게 되었습니다."
연속극에 나오는 대사처럼 먼데서 들렸으나 분명 내 아들이었다.
"아들아 고맙다. 고생 많이 하고 장하다."
오지의 숲에서 들려온 목소리는 분명한 내 아들이었다. 육군사관학교에서 4년을 우등으로 달린 아들이 수석졸업 자리를 지킨 영광이었다.

가족들에겐 어젯밤 꿈을 말하지 않았다. 좋은 꿈이어서 기억에 또렷이 남았다. 신비스럽도록, 생시엔 없을 좋은 꿈이어서 더는 꿈 이야기를 하지 않겠다. 자랑에 마가 붙는다는 말이 있듯 감사하는 마음으로 아들을 지켜보겠다. 그것이 아들에게 덕이 되길 바라면서…. 전화를 받은 그 밤은 잠도 오지 않고 기쁨의 눈물로 베갯머리를 적셨다. 아들은 자신이 한 약속을 지켰다. 부모님께 효도하고 기쁘게 해드리겠다고 했다. 자신과의 싸움의 승리였다.
육사 58기 전체수석 대통령상 '오홍상' 내 아들 이름이다. 내 아들 막내는 1979년 11월 17일 오후 1시 50분에 출산, 시어머님의 보살핌에 집에서 순산, 까만 머리가 숱이 많고 뚜렷한 윤곽에 우렁찬 울음소리에 시어머니께서 장군 재목이라 자랑하셨다. 다섯 살까지 젖을 먹었고 어린 손엔 항상 무엇이고 쥐어있었다. 자라면서 종이접기, 찰흙놀이 공작, 장난감 조립 등 손재주가 많았다. 그걸 보는 난 커서 연구원이나 고고학박사가 되리라 기대를 가졌었다. 그런데 타고난 건지 운명인지 남편은 아들을 무릎에 앉히고 손바닥으로 아들의 이마를 탁 치면서 커서 장군이 되어라 항상 말했다. 한글을 깨우치고부터 책읽기를 좋아했다. 위인전, 백과사전, 그리고 만화도 좋아했다.

　복수초등학교 졸업. 대전중학교 입학, 관저동 서일고등학교 배정 입학성적은 전교 석차 89등. 고등학교 때부터 공부에 재미를 붙였는가, 자신의 진로를 결정하고 매진한 것인지 전교 10등. 반에서는 1,2등을 다투었다. 3년 내내 장학금. 고3때는 반장을 맡으면서 성격도 활달해졌다. 학교 축제 때 엘비스 프레슬리 모창과 분장으로 서일여고생들의 갈채도 받았고, 검은 피부 두툼함 입술, 오똑한 코는 뵈옵지 못한 시아버님을 닮았다고 하였다. 주말에는 명화를 보았으며, 가끔 비디오도 빌려다 보며 공부로 스트레스가 쌓이는 걸 풀고, 땀 흘리도록 운동하고 공부할 때는 공부에 빠졌다. 청년기 때 독서와 운동, 문화생활을 병행하여 얻은 넓은 안목이 디딤돌이 되어준 게 아닌가 싶었다. 그리고 배려심과 분별력이 있고 카리스마가 있었다.

　2002년 3월 7일 꽃샘추위로 쌀쌀했지만 맑은 날이었다. 막내아들 졸업식과 임관식이었다. 한복을 다려서 입고 우아하고 품위가 있어 보이길 바라며, 장한 아들로 시선을 받는 자리라 신경을 썼지만 큰 아들 결혼식에 입은 옷이다. 육군사관생들 졸업식과 임관식에 대통령 김대중 내외분이 참석하여 경비도 삼엄했다. 씩씩한 생도들이 질서정연한 모습, 그리고 구령소리 울림이 호랑이의 포효같이 씩씩했다. 아들로 하여 이런 자리에 참석한 영광에 침착해지려고 해도 떨렸다.

애국가, 그리고 태극기에 대한 경례. 그리고 상장 수여, 육군사관학교 58기 전체수석 대통령상 오홍상 이름이 불려지고, 방송사 언론계 기자들 플래시가 터졌다. 난 감격해서 속울음이 나왔다. 기쁘고 장하지 않으랴. 막내가 집을 떠나 내 곁을 떠나서 홀로 싸워서 이긴 외로운 싸움이 너무 가여워 그랬다. 가슴이 아리고 아팠다. 수석한 아들의 아버지 손을 잡으신 대통령께서 "아들 참 잘 키우셨습니다."라며 칭찬을 해주셨다.

졸업식이 끝나고 생도들이 퍼레이드 묘기, 질서정연한 그리고 멋진 위엄에 감탄한다. 모두 솔향기 같은 향기를 품었을 젊은이들, 건강과 영광이 함께 하길 마음으로 빌어주었다. 4년 공부한 책, 그리고 옷가지를 챙겨 차에 실었다. 군복을 입은 씩씩한 모습의 졸업생에게도 축하를 하였다. 이런 날이 온 건 많은 사람들의 도움도 있었으리라. 내 아들을 가르치셨던 선생님께 고마움의 인사로 꽃을 보냈다. 친척도 이웃들에게도 인사드릴 것이다. 생애 이만한 기쁨이 또 있을런가. 두 손을 모았다.

아들에게 쓰는 편지

아들아. 네가 고교 졸업식도 참석 못하고 육사에 가입교하고 떠난 지 엊그제 일인 듯싶은데 벌써 4년의 세월이 흘러갔구나. 어리게만 보았던 막내를 보내놓고 마음 조이며 울기도 했었다. 이젠 웃어야겠다. 네가 이 엄마를 기쁘게 했고 웃음도 안겨 주었다. 고맙고 고맙다. 육사생으로 집을 떠나서 두 번의 병원 생활을 하면서 혼자 수술대에 누워 얼마나 아팠을까. 가족들 얼굴을 떠올리며 외로워도 했겠지. 그러나 부모 형제를 생각하였다는 네 말이 가슴을 울린다.

어미는 네게 아무것도 못해주어 늘 미안하고 마음이 짠하다. 4년 동안 쓰지 않고 모은 돈을 매달 저축해 아버지와 내게 외국여행 시켜주어 아름다운 추억으로 간직하고 있다. 너의 생각이 따스해서 그런 효도를 받는다는 마음이다. 인터뷰 중에 네가 말한 걸 잊지 않고 있다.

위국헌신 인인본분의 자세를 한시도 잊지 않고 배운 것을 남을 위해 봉사하고 베풀 때가 되었다는 말. 참 군인으로서 신의 신뢰로 인간의 본연의 자세로 살아가거라. 오늘 이 편지로 어미 마음을 전하니, 네가 선물로 준 비취빛 찬란한 58기 반지가 유난히 반짝여 눈이 부시다. 장한 내 아들아 고맙다. 그리고 어미는 너를 믿는다.

2002년 3월 10일
너를 사랑하는 어미가

어깨동무

 머리께 놓인 여행 가방을 흐뭇한 마음으로 보았다. 설레는 마음은 소녀 같고 내일을 기다리기까지 참는 것도 지루하고 '날이 밝으면 떠날 텐데, 잠이나 자야지.' 생각은 그랬으니 쉽게 잠을 잘 수 없었다. 어둠속에서 눈을 감아도 별스러운 생각에 쉬이 잠들 수 없었다. 난 어이없는 웃음을 참고 일어났다. 환하게 전등도 켰다. 시계는 두 시를 가리키고, 난 가만히 있는 가방을 눈여겨본다. 얌전하게 앉아있는 가방에게 무언의 눈짓으로 말을 건넨다.
 '넌 내 짝꿍이야. 비행기도 타고 제주도 여행도 함께 한다.'
 가방은 꿀 먹은 벙어리다.
 '주인님, 내일 비가 내린대요. 봄비가 내린대요.'
 가방이 이렇게 말한 대로 대전의 아침은 봄비가 내렸고, 톨게이트 집결지에 내가 일등으로 갔다. 새벽길 도로변엔 관광버스가 여행객을 기다리고 있었다. 빗줄기는 거미줄같이 가늘어서 멋을 낸 여행객들에게 도움이 되었다. 만약 주룩주룩 바가지로 퍼붓기라도 한다면 기분도 무거운 비구름처럼 가라앉을 것이다.
 여행의 일원은 우리들 초등학교 동창이 전부여서 그야말로 아이들 같았다. 청주공항으로 간다. 가는 비가 눈발로 변했는지 창밖으로 눈발이 날리고 있었다. 마지막 사랑의 시샘이라니 고맙다. 마음이 들뜬 기분에 깊은 곳에 숨어있던 감성이 방울방울 풀잎에 맺힌 이슬이 되어 누가 먼저랄 것 없이 아이를 자처하고 동요노래를 부르기 시작하니 모두 합창을 할 때 차창에 앉은 눈송이

가 녹으며 눈물이 된다.

깊은 산속 옹달샘
누가 와서 먹나요.

옹달샘 노래가 끝나고 이어 나의 살던 고향을 불렀다. 아침부터 노래 부를 기분이 들게 만든 건 무엇일까. 벌거숭이 코 흘리게 친구니 격의도 없고 부끄러울 것도 없었다. 금강이 흘려보냈을 세월은 아니라도 충북 청원군 문의면 문의초등학교 48회 졸업생 친구들이다. 그동안 건강하고 잘 살았으니 만났다. 고맙고 감사하다. 우리가 할머니가 되어 오늘 함께 여행을 가는 건 행복하고 축복받은 일이다.

 제주도는 바다의 섬답게 바다에 떠 있었다. 제주도에 발을 딛고 처음은 바람을 마셨고 드넓은 초원엔 말들이 풀을 뜯고 있는 광경을 보았다. 평화로운 모습이었나. 이런 광경을 언제 보았지! 꿈에서 꾸었을 것이라도 기분 좋을 일이다. 기대한 만큼의 관광은 미루고 점심식사가 먼저 우릴 기다렸다. 올레길 7번 코스까지 걷고 걸으며 바닷가 파도 소리를 듣노라니 파도 타기하는 사라들 서핑(surfing) 마니아(mania)들이 생각났다. 물을 무서워하는데 만약 지금의 내가 젊은이라면 도전해 볼 용기는 있었겠지….
 주상절리. 파도와 싸우는 검은 돌들, 칼로 베어 묶은 것처럼 서로를 붙들고 아우성치고 있는 모습에서 그 오랜 옛날 화산폭발로 끓어오는 용암이 만들었을 돌의 전설을 보았다. 아니 역사였다. 만장굴. 용암이 뚫고 나가면서 만든 천연동굴을 우린 구석기시대 인간처럼 동굴을 울리면서 신비스런 자연의 힘에 감탄한다.

제주도 하면 황금알. 감귤을 떠올리는 지금의 시대는 얼마나 살기 좋은지. 그 옛날엔 감귤 먹는 게 쉽지 않았다. 제주도가 있고 농사를 짓는 제주도 사람들이 있어 실컷 먹을 수 있다. 그리고 열대식물도 길가, 식물원에서 보고 미술관 관람과 말도 타고나니 우리나라가 하와이 같다는 생각도 했다. 2박3일 짧은 여행이었지만, 자연이 만들고 제주도민이 가꾼 제주도, 세계인이 방문하고 세계가 인정한 문화유산의 섬에서 친구들과 보낸 일들을 핸드폰에 담는다. 돌아가면 문득문득 생각 키울 추억을 만들어 가져가니 어찌 즐겁지 않으랴.

우리 자주 못 만나더라도 소식은 알고 지내자. 건강하고 행복하길…. 안녕이란 인사는 돌아설 때 어디쯤에서 할까. 난 벌써 헤어짐이 서운해 이렇게 묻는다. 친구야 안녕?

도깨비 시장

일찌감치 집을 나선다. 해가 솟으면 사라지는 이슬처럼 그래서 해 뜨기 전에 나서야 반짝 보였다. 사라지는 별도 볼 수 있듯, 조금 늦게 가면 구경도 못하고 만져도 못보게 되는 물건들이다. 첫 버스를 타야 한다. 시골에서 가져온 채소가 싱싱하고 값도 싸서 가끔 이용한다. 부지런한 새가 먹을 것을 많이 잡는다고 한다.

근면과 절약을 생활신조로 삼고 평생을 살아오신 시어머님의 가르침도 있어, 나 역시 그렇게 살고 있으니 비빔밥에 들어있는 나물이 그 나물이라는 생각을 한다. 평소에도 많은 사람들이 들고 나는 역전시장에 반짝하다 흩어지는 장사꾼과 싼 물건을 사러 온 사람들이 가고 나면 한산하다. 직접 기른 채소가 싱싱했다. 장터에 가면 없는 것 빼고 다 있다. 눈에 보이는 것은 다 사고 싶었다. 옥천서 새벽차로 왔다는 고추도 탐이 났다.

호박덩이 호박잎도 늘 먹어왔고 좋아해 사고 말았다. 흥정하느라 떠들썩하는 소리가 자동차 경보음에 묻혔다가 들릴 때, 흥정은 끝나고 주고받아 가는 것이다. 내가 어렸던 시절엔 장사하는 아주머니, 할머니, 젊은 아낙들이 많지 않았다. 호박덩이 채소는 이웃과 나누어 먹었던, 인정어린 정을 돈이 가르고, 돈이 제일이라는 세상이 되었다. 이것저것 사고 보니 끌끌히 시장 수레 가방이 꽉 찼다. 이제 가야지…….

버스를 탈 일만 남았다. 이 생각을 없애는 일이 일어났다. 수레 바퀴가 고장이었다. 난 당황해서 땅이 꺼지게 걱정을 하는데, 어

163

느 분이 나사가 빠졌으니 못이나 이쑤시개를 찔러 넣으면 얼마간은 굴러갈 것이라고 말해서, 급한 대로 이쑤시개를 찾아서 그대로 했더니 굴러갔다. 버스에 올라 자리를 잡으니 조금은 안정된 마음이 들었으나 내 욕심을 나무랐다.

  욕심이 과해서 치른 고생이라는 생각을 억지로 버리면서, 누군가 쓰고 버렸을 이쑤시개가 더러웠지만, 임시변통으로 모면한 어려움에, 쓰고 함부로 버리는 습관, 미안하게 여길 잘못된 생활습관까지도 깊이 생각하는 계기가 되었다.

쓰다만 일기장

장롱 구석진 곳에서 잠자고 있던 일기장을 꺼냈다. 사십여 년의 세월이 나의 삶을 대변하며, 그릇에 담아도 건질 게 없는 지난날, 달리는 기찻길에서 스치어 보낸 풍경 속에 꽃과 나무와 바람과 산과 들이 있었던 것처럼, 기억마저 아무런 감동도 일어나지 않았다.

가정의 행복을 위해 최선을 다한다. 그게 나의 좌우명인 만큼 오늘 하루를 어떻게 살았나. 반성과 내일로 잇는 꿈을 탑으로 세우는 것이다. 백지 한 장이 내 마음을 받아준 고마운 벗이었다. 나의 생활이 좁다한 내 집안의 일이니 사남매 키우고 학비 대느라 동분서주한 일이고, 홀시어머니 모시면서 눈물을 흘렸고, 남편의 사랑으로 견뎌낸 세월이었다. 잘 자라준 사남매는 나의 보람으로, 손자 열 명을 안겨준 효도로 인하여 행복하다.

그동안 세상은 조용하지 않았다. 굵직한 사건사고, 정치권의 이야기도 역사가 되어 훗날에 후손들이 알 일이지만, 하루일도 모르고 사는 것이 인생이다. 막내아들의 결혼식이 끝나고 그날 밤 남편과 나눈 말이 가장 행복하고 지금은 슬프다.

"그동안 당신 아이들 키우느라 고생했소. 고맙소."

남편의 말이 더 고마웠다.

"당신이 아니었으면 어떻게 해냈겠어요? 우리 이제부터 서로를 챙기면서 잘 살아요."

그런 약속과 함께 차도 바꾸고 여행도 다니고 마당이 넓은 집을 짓고 꽃나무도 가꾸며 여생을 보내리란 생각이었다. 그러나 꿈은 꿈으로 끝나는 일이 일어났다.

집터를 보러 다니던 중 남편은 뇌출혈로 세상을 떠났다. 너무나 갑자기 닥친 이별에 많이도 울었다. 이 세상에 홀로 남아 암흑 속에 갇힌 것처럼 절망스럽고도 부끄러웠다. 근 십년 세월을 외부와 단절한 채 아는 지인과 친구들과도 연락 없이 살았다. 남편을 떠나보낸 지 오래지만 여전히 보고 싶고 그립다. 난 남편이 떠난 뒤에 일기를 쓰지 않았다. 내게 있어 남편은 존재 그 이상의 전부고, 나를 지탱해준 힘이었다. 이제 지난 것들을 살라서 버려야겠다. 일기장에 눈물로 이별한다. 잘 가라. 안녕이란 말은 안한다. 내게 남은 나날이 있기에….

나의 살던 고향은

나의 살던 고향은 꽃피는 산골
복숭아꽃 살구꽃 아기진달래
울긋불긋 꽃대궐 차리인 동네
그 속에서 놀던 때가 그립습니다.

노래 속 가사가 얼마나 아름다운지, 아이들이 모두 불러봤을 동요를 가슴에 담고 자랐을 아이들, 그 가운데 나도 있었다. 산이 품은 두메산골 몇 집 안 되는 초가는 우산버섯을 닮고 앉아선 굴뚝으로 내 보낼 연기를 기다리고 있는 듯 겨울이면 코를 고는 모양으로 엎드리고 머지않아 찾아올 봄날에 앙증맞은 참새가 마당으로 내려와 앉아 재재거리며 추녀 속에 낳아 감춘 알을 더듬으며 많이도 낳았다. 올 봄은 더 시끄럽겠어. 추녀 끝에 매달린 고드름이 차가워 코를 풀어 동댕이치는 초가집, 놀란 참새 떼 포르르 날아 지붕 위로 올라간다. 그래, 참새라도 많아야지. 이 산골은 조용한 것이 쓸쓸해. 구름도 달아날 거야.

생솔가지 꺾어서 군불을 때면 불꽃은 타며 달아나지만, 솔향기는 자욱하게 집을 에워싸고 가난한 솥단지엔 시래기죽이 끓을 때쯤 낮은 굴뚝을 빠져 머리 풀어 헤친 뿌연 연기는 꼬리부터 하늘로 오르려다 뭉텅뭉텅 끊어서 내보내고 있었다.

초가집은 날마다 중심에 지붕 가운데 용두머리가 아픈 건 아버지 잔기침 소리 때문인가 모르지만 산골 구석을 좋아서 찾아오는 나팔바지 총각들이 개나리꽃 같은 순이를 만나러 온다. 라디오가 알려준 세상 소식이 바람을 타고 산골까지 바람을 넣었을 때 펜팔로 주고받고 사랑을 싹틔워 꽃을 피웠다.

꽃피는 봄이 찾아온 듯싶게 개화(開化)로 열린 청춘들에게 사랑의 꽃이 피었다. 우리도 한번 잘 살아보세. 꽃이 피면 열매 맺는 이치로 사랑방 야학이 열리고 농촌 계몽의 시작으로 대학을 나온 오빠들이 한글, 영어, 천자문을 가르치게 되었다. 멋지고 잘생겼고 도시의 냄새가 풍기는 오빠에게 순이도 마음을 빼앗기고 짝사랑이 첫사랑이 되었을 때 혼자 끙끙 앓았다. 순이의 병은 아무도 모르게 앓고, 가을이 되고서 도시로 떠난 오빠의 무덤덤한 관심 밖 짝사랑을 해바라기꽃 노랑꽃잎을 하나씩 떼어 날려 보내듯 그렇게 버렸다.

고향은 왜 좋을까. 묻는 바보는 없다. 어릴 때 누구든 추억처럼 앓았던 일은 있을 것이다. 엄마가 왜 좋으니? 이렇게 묻는 바보도 없다. 살면서 보고 느꼈던 일이 감동처럼 다가왔을 때, 마음에 걸리게 만들어 상처가 되었을, 아니면 고마움을 느낀 깨달음, 분노와 모멸감에 대한 기억, 아니면 키우던 개가 쥐약을 먹고 죽었다면…. 지워지지 않는 기억이 문득 떠오르면서 잊히지 않는, 그러나 추억은 그리움이 내재된 아름다움이다.

생각하는 존재가 사람인데 살면서 추억이 없다면 인생에 있어 잘 살았다 하겠는가. 기억은 오래 지워지지 않고, 추억은 아름다워 추억을 먹고 산다는 말들을 한다. 그래서 고향은 어머니 품안 같은 따스함이 있어 그리워하는 게 아닐까. 편한 잠자리 같아 실컷 자고 나면, 어머니는 밭에 가시고 차려진 밥상이 날 기다리는 것처럼, 고향은 그래서 좋다.

| 지인들의 고희(古稀) 축하 메시지 |

축하합니다.

  우리의 만남, 문학의 고리가 만들어준 세월이 스무 해가 넘었지만 한결같은 마음으로 여기까지 왔습니다. 벌써 아우가 고희라니 세월이 참 빠릅니다.
  수많은 사람 중에 만난다는 것은 인연이 아니고서야 이루어질 수 없는 것이지요.
  스치운 바람결에 흔들리는 꽃, 바람이 아니면 어찌 춤추고 외로움에서 꺼낼 수 있으리오. 아픔 없는 인생은 없습니다. 언니로 대하고 불러주는 아우의 마음이 고마워 삶이 즐겁습니다.
  진실한 마음이 오래 가고 서로 위로가 됨을 알고 있기에, 그런 마음으로 만나길 바라며, 아우님의 고희 기념 시집, 가족 문집을 겸한 시집 출간을 진심으로 축하합니다.
  건강과 행복한 나날들을 보내길 바랍니다.

2018년 9월 오소림(시인, 소설가)

출판을 축하합니다

소녀 때부터 기다리던 꿈을 밝히려고
긴 터널을 빠져 나오셨습니다.

추억은 아름답지요,
생각하면 행복한 날들의
애절한 사랑을 담은 글

꽃은 피면서 향기를 토하듯
좋은 글 더 많이 써서
시의 꽃을 활짝 피우길 바랍니다.

가족 문집 출판을 축하합니다.
 이 글이 디딤돌이 되어서 읽는 이의 가슴을 적셔주는 글을
기다립니다.

2018년 9월 오희용(시인)

노을빛, 최성자

최선을 다했노라
　　가정의 행복 위해

성의를 다했노라
　　사회의 복지 위해

자신을 돌보지 않고
　　나누면서 살았노라

최면에 걸렸는지
　　활자와 동행하니

성자는 성자답고
　　승자는 승자로다

자애에 박수 보내니
　　노을빛을 즐기시라

2018년 9월 조성국(시인)

현모양처

　대청댐이 수몰되어 흔적도 없이 사라진 마을, 5남매가 태어난 노루실, 유년 시절을 보낸 열망골…. 내 인생의 소중한 추억이 남아있는 고향에서 유복한 가정의 5남매 맏이로 태어나셨으나, 누님은 어린 나이에 장기간 투병하시던 어머님을 여의시고, 또 어린 동생을 잃는 아픔과 기울어진 가세로 어려운 환경 속에서 공부하고 싶다하여 7살에 조기 입학할 정도로 똑똑하였는데, 남은 4남매의 뒷바라지와 엄마 역할을 하시느라 하고 싶은 공부도 못하시고 가족을 위해 희생하신 분이 우리 누님입니다.
　누님!
　어린 동생들을 두고 떨어지지 않는 발걸음으로 결혼하셔서 넉넉지 않은 생활과 엄격하신 시어머니 밑에서도 틈만 나면 어린 조카들을 등에 업으시고 친정을 다녀가시며, 친정을 돌봐 주시느라 마음고생이 많았을 누님, 누님이 근면성실하신 매형과 열심히 하셔서 자식들을 훌륭하게 키우셔서 국가에 필요한 인재로 길러내셨습니다.
　누님!
　너무 퍼주기를 좋아하신 아버님 피를 받으셨는지, 어려운 생활 속에서도 오랫동안 도시락 배달 봉사를 하는 등 어렵고 소외된 이웃을 위해 사랑을 실천하셔서 우러러 볼 뿐입니다.
　누님!
　6살 때 백훈 친구에게 꿩 잡아 준다하여 노루실 집에서 재를 넘는 십리 길에 있는 아버지 정미소에 몰래 가서 찾느라 난리가 났던 일, 나무 올라가는 게 취미였던 나는 나뭇가지에 매달려 못 내려와서 떨어지면 치마에 받으시려고 치마를 펼치셨던 일, 아랫방 쌀가마에서 미끄럼 타다 떨어져 콩나물시루에 뒷머리를 크게 다쳤던 일, 고등학교 2년간 누님 댁에서 학교를 다녔던 일, 내 인생에서 순간순간 많은 추억을 함께하고 있습니다.

누님!

현모양처의 삶을 사신 누님이 칠순을 맞이하셨습니다. 인생 초반에는 어려운 환경 속에서 사시느라 힘드셨지만 남은 여생, 좋아하시는 문학과 결혼하셔서 훌륭하신 시인, 수필가로 거듭나시고 착한 아들 딸 사위 며느리 손주들과 더불어 건강하시고, 행복하시고, 멋진 인생 맺으시길 기원합니다.

— 최종영(동생)

7부

자손들의 편지

오홍주 가족

어머니께

오홍주

실로 얼마만에 써보는 편지인지 모르겠습니다. 어린 시절 숙제처럼 편지를 써본 이후론 처음인 것 같다는 생각이 듭니다.
엄마 칠순을 기념하여 엄마와의 추억을 기억하게 되니 감회가 새롭습니다.
지난 시절을 돌이켜 보면 매순간 우리들 곁에 어머니가 계셨습니다. 부모가 자식을 위하고 사랑하는 것은 당연한 일이라 하지만, 그 시절 어머니는 지독하다 싶을 정도로 아들편이셨습니다. 그땐 그 과분한 사랑이 고마우면서도 불편하게(?) 여겨지기도 하였으니 제가 참 어렸습니다.
세월이 흘러 자식을 나아 기르며 자식이 소풍 가면 옛날에 어머니가 어린 아들이 걱정되어 소풍을 따라와 함께 김밥을 먹던 기억이 떠오르고 자식이 속 썩일 때면 옛날에 '학생운동'한다고 어머니의 속을 썩이던 일들이 떠오릅니다.
사실 생각해 보면 어린 시절엔 '엄마'라는 말을 입에 달고 살았던 것 같습니다. 별 일도 아닌 일에도 '엄마'에게 투덜대고 '엄마'에게 자랑해 대면 윤기 흐르고 꼬불거리던 파마머리의 젊은 어머니는 "그랬어?"라고 하시며 저를 맞아 주셨습니다.
어머니, 9살 때쯤인가 비닐봉투 찍던 기계가 가겟방에 여러 달 멈춰서 있었을 때가 기억나시나요? 기계가 재미있게 생겨 만지작거리거나 근처에서 놀라치면 아버지의 불호령이 떨어지곤 해서 유난히 이상하다 여기며 '엄마'를 부르며 어머니께 달려가곤 했는데 그 이유가 의욕이 앞서 덜컥 사업을 시작했다 판로를 뚫지 못해 기계를 장기간 운행하지 못했던 것을 한참을 지나서야 알게 되었습니다.

그 때 젊디젊었던 어머니가 특유의 친화력과 끈기로 아버지를 대신해 업자를 만나며 기계를 파셨던 일로 어머니에 대한 가족들의 반응이 달라졌습니다. 아이를 돌보던 주부에서, 세상에 나가 문제를 해결해내는 해결사가 되신 것이었습니다.

세상에 대한 자신감, 저와 형제가 조금이라도 세상에 도움을 주는 삶을 살게 만드신 원동력이지 않을까 생각합니다.

어머니가 시인이 되려 끊임없이 글을 쓰시고 노력하시던 모습을 보면 그 시절 어머니의 모습이 떠오릅니다. 이젠 아버지도 돌아가시고 동생들은 알 리도 없는 일이고 그것을 기억하는 사람도 없어 사라질 역사이지만 오늘 이 글을 빌려 적어보는 것은 제가 사랑하는 어머니가 더없이 든든하고 멋졌던 젊은 날의 어머니와 겹쳐 보이기 때문입니다.

세월이 흐른 뒤, 오늘을 떠올리는 순간이 온다면 저는 어머니가 70 평생을 살아오시며 어머니가 저를 사랑하셨고 자신의 삶을 사랑하셨고 문학을 사랑하셨던 일을 얘기할 것 같습니다.

사랑하는 어머니, 저와 오래 계시며 "그랬어?"하며 저를 안아주시길 간절히 소망합니다.

(2018)

세상

오홍주

나를 사랑하신
나의 창조주
나를 만나주고
나를 사랑하시고
나를 위로해 주시는
나의 아버지

당신이 사랑하신
당신의 피조물
당신이 만나시고
당신이 사랑하시고
당신이 위로해 주시는
당신의 자녀

세상에는 이 둘밖에 없다.

(2017)

상처 없는 장미가 있던가

오홍주

누구나 사랑하고 사랑받길 원한다.
소중한 장미라 불리며 가시보단
꽃잎이 아름답다 불리기 원한다.
보는 이도 그 고운 빛에 눈이 팔려
장미송이만 헤아리다 아름답다만 되뇌곤 한다.
빛이 고운 덕에
많은 이들이 얻기를 원하는
장밋빛 인생이라는 수사도 있는 것이다.
하지만 그 깊은 빛깔을 만들어 내는
옹이진 가지를 놓쳐서는 안 된다.
지난 해 자란 가지가 말라가며 시들어 갔을 때
올해를 기대하지 못하고 이내
뿌리를 뽑겠다는 불손한 생각이 우선했던 것도 사실이다.
그 불손한 생각 끝에 마른 가지를 보는 순간
나를 비웃거나 혹은 격려하는
조그만 새잎을 보게 되었다.
아! 장밋빛 인생은 거기에 있었던 것이다.
말라비틀어진 만큼이나 생동감이 넘치는 영광이었던 것이다.

(2010년)

시어머니

이정현

스물한 살 나이에 습기 찬 지하 야학에서 당신을 처음 만났습니다. 야학선생을 한다며 집에 가는 것도 줄어든 아들이 걱정되어 오셨을 겁니다. 몇 년을 야학에 드나들었지만 어머님이 찾아오신 건 처음이었습니다.

마흔이 넘어 대안학교 선생으로 있을 때 당신이 오셨었습니다. 집에서 쓰시던 냉장고를 기증하러 오신 것입니다. 보잘 것 없고 학교 같지도 않은 환경이라 이상한 곳에 빠진 건 아닌가 걱정 하셨겠지요. 그곳에 있는 동안 교사를 어떤 이유건 어머니가 그것도 시어머니께서 찾아오신 일은 유일했습니다.

처음이자 유일하신 우리 어머니
늘 고마우신 엄마
저희 곁을 오래오래 지켜주세요.

(2018)

망울이와 함께 자는 밤

이정현

기어이 철망을 뚫고나가
날이 밝을 때까지 돌아오지 않는
널 기다리며
가슴이 서늘했드랬다
교통사고로 죽은 개가 있다는 말을 듣고
가슴이 콱 막혔드랬지
넌 내집 마당의 배경이었고
내집의 냄새였고
내집과 딸들을 지키는 믿음직한 소리였드랬다
이밤도
너의 작은 몸은
머리맡 마당 주목나무 옆에서
나는 안방 침대위에서
함께 잠이 들어간다
잘자, 망울아
잘자, 망울아
잘자, 망울아

(2017.7.28.금)

오늘이 가장 행복합니다

이정현

오늘이 가장 행복합니다
개구진 내 아이들의 시끌벅쩍한 웃음소리가
먹먹한 마음을 어루만져 뛰게 하기 때문입니다

세월호특위청문회 공회전 소식도
해군일병이 목매 숨진 일도
가자 유엔 학교 사상자들도

갈갈대는 내 아이들의 투닥대는 싸움소리에
온통 가슴 벅찬 기쁨으로 녹아 차오르기 때문입니다

한밤이 되어 노란 불빛에 의지해
당신과 마주할 때면
숨어있다 되돌아오는 목소리에
잠깐의 시간이 멈춥니다

저는 왜 오늘 그들에게 어제보다 더 미안할까요?

잠든 아이들의 꽃잎 같은 살결에 비비어 읊조립니다

오늘이 가장 행복합니다
오늘을 살아가겠습니다

(2014.7.30.)

불꽃(할머니)

오새봄

너무나도 어리고 여린
한 송이 풀꽃이
더 어린 풀꽃들을 위해
한 송이 재가 되어
불꽃이 되었다.

너무나도 순하고 선한
한 송이 풀꽃이
새로 피어난 풀꽃들을 위해
한 송이 재가 되어
불꽃이 되었다.

참 이상하다
왜 재가 되어
타고 있는데도 이
불꽃은 사라지지 않는 걸까?

(2018)

당신의 존재 이유
　— 사람은 무엇으로 사는가를 읽고

동방여자중학교 1학년 4반 11번 오새봄

　사람은 무엇으로 살까? 온전히 하늘이 준 생명에 의해서 사는 것일까? 아니면 그냥 동물처럼 태어나서 습성에 의해 사는 것일까? 이 이야기를 읽기 전까지 나는 사람의 삶에 대해 깊이 생각해보지 않았다. 그렇지만 이 이야기를 읽고 사람의 삶의 이유에 대해 깊이 생각할 수 있게 되었다. 지금 이 글을 읽는 당신도 한 번 깊이 생각해보는 시간을 갖기를 바란다.
　쎄몬, 그는 집도 땅도 없이 살아가는 가난한 구둣방 주인이다. 그에게는 아내 마뜨료나와 함께 입는 모피코트 한 벌이 있었지만 그것조차도 누더기가 되어 버렸다. 그래서 새 모피코트를 지을 양가죽을 사려 2년째 벼르고 있다. 가을이 되어 그에게는 얼마의 돈이 모였다. 그래서 그는 아침부터 마을에 모피코트를 사러갈 채비를 하였다. 먼저 농부들에게 빌려준 돈을 받으러 갔다. 그러나 모두 다음에 주겠다는 말만 할 뿐 돈을 갚지는 않았다. 허탕만 친 그는 속이 상해 술을 마시고 집을 향해 발걸음을 옮겼다. 그는 집에 가는 도중 길모퉁이 근처에 있는 작은 교회 뒤에 있던 사람을 보았다. 그 사람은 벌거벗은 몸으로 교회 벽에 기대앉아 꼼짝하지 않고 있었다. 쎄몬은 그 사람을 이상한 사람이라고만 여기고 무시하고 지나다가 그 낯선 나그네가 안타까워 져서 코트를 벗어주고 자신의 집으로 데리고 갔다.
　이 장면을 읽던 나는 쎄몬의 태도에 진심으로 감동을 받았다.

내가 그곳을 지나갔다면 분명 그 사람을 무시하고 지나갔을 것이다. 이상하고 더러운 사람이 두려웠을 것이기 때문이었다. 하지만 쎄몬은 그 사람에게 친절과 사랑을 주었다. 나는 자신이 부끄러웠고 이런 부끄러운 마음이 생기지 않도록 노력하기로 다짐했다.

쎄몬은 낯선 이와 함께 집으로 돌아왔다. 아내 마뜨료나는 술냄새 나는 남편과 벌거숭이 젊은이를 보고 화가 치밀어 올랐다. 사오기로 했던 코트까지 없으니 더욱 길길이 날뛰며 화를 내었다. 너무 화가 나 집을 나가려다 낯선 나그네가 누군지 궁금해 멈춰서자, 쎄몬은 낯선 이를 데려온 사정을 말했다. 그리고 "당신의 마음엔 하나님도 없소?"라는 말을 듣자 마음이 누그러진 그녀는 빵을 내어 낯선 나그네를 대접했다. 빵을 먹고 난 후, 낯선 젊은이는 그런 마뜨료나를 보고 빙그레 웃었다.

나는 이 부분을 읽으며 그 미소를 직접 본 것 같았다. 기뻐하면서도 무언가를 깨달은 듯한 미소, 그 미소의 의미는 무엇일까? 그 사람들이 착하다는 것을 알게 되어서인가, 아니면 사람안의 사랑을 깨닫게 되어서인가?

그 사람의 이름은 미하엘이었다. 새롭게 식구가 된 미하엘은 구두를 만드는 법을 배웠다. 그렇게 1년의 시간이 흐르자 미하엘이 짓는 구두가 멋지고 튼튼하다는 소문이 퍼졌다. 어느 겨울날 한 신사가 쎄몬의 가게에 찾아왔다. 신사는 좋은 가죽을 보여주며 1년을 신어도 모양이 변치않을 장화를 주문했다. 그리고 1년 안에 신발이 터지면 감옥에 쳐넣겠다고 막말을 해댔다. 미하엘은 그런 신사의 뒤를 보고 환하게 웃었다.

처음 마뜨료나의 식사를 대접받고 미소를 지었던 후로 두 번째 웃음이었다. 이번 웃음의 의미는 무엇일까? 신사의 재수 없는 말투 때문에 화가 나서 화를 참으려 웃은 것일까, 아니면 다른 의미라도 있던 것일까?

신사가 간 뒤 미하엘은 장화 대신 슬리퍼를 만들어 버렸다. 쎄몬은 패닉상태에 빠졌다. 하지만 잠시 후 그 신사의 하인이 와서 신사는 죽었으니 죽은 사람이 신을 슬리퍼를 만들어 달라는 주문을 하였다.

그렇다. 미하엘은 신사의 죽음을 알고 있었던 것이다. 그렇다면 그 미소의 의미는 무엇이지? 내 생각엔 그 신사는 자신의 죽음을 알지 못했다는 것, 즉 사람은 자신의 미래에 대해 알 수 없다는 것을 깨닫고 미소를 지었던 것은 아닐까? 맞다. 사람은 죽음을 알지 못한다. 몇 해 전 돌아가신 친할아버지도 그러셨다. 멀쩡했던 전날과 다르게 할아버지는 한 순간에 죽음을 맞으셨다. 그때 나는 하루사이에 돌아가신 할아버지를 보며 생각했었다. 죽음은 누구도 알지 못한다. 그러니 죽기 전에 인생을 감사하며 살아야지 하고 말이다.

미하엘이 온지 어느덧 6년이 지났다. 어느 날 한 아주머니와 두 쌍둥이 딸이 구두가게에 왔다. 둘 중 한 아니는 절름발이였다. 쎄몬은 한 아이가 왜 절름발이가 되었는지 물었다. 그러자 아주머니는 "이 아이들은 부모가 일주일 간격으로 죽었어요. 그래서 내가 이 가엾은 아이들을 키우게 되었죠."라고 말했다. 이 말을 듣던 미하엘은 세번째로 환한 미소를 지었다. 쎄몬은 미하엘에게 가서 왜 그가 미소를 지었는지 물었다. 그러자 미하엘은 "저는 원래 하늘의 천사였고 죄를 지어 이 땅에 내려온 것이지요. 하나님은 제게 방금 다녀가 아이들의 친어머니의 영혼을 가져오라 하셨습니다. 저는 그 말을 거역했고 하나님께서는 저를 내치시며 사람의 마음속에 무엇이 있는지, 사람에게 주어지지 않은 것이 무엇이 있는지, 사람은 무엇으로 사는 지를 알아오라 하셨습니다. 사람의 마음속에는 사랑이 있고, 사람에게 주어지지 않은 것은 자기 몸에 필요한 것이 무엇인지 알 수 없다는 것과 사람은 사랑으로 살아간다는 것을 깨닫게 되었습니다." 이 말을 마치고 미하엘은 하늘로 날아가게 되었다.

  나는 이 톨스토이의 책을 읽으며 사람의 삶의 이유에 대해 깊이 생각하게 되었다. 사람은 자기만을 위하여 살아간다는 것은 거짓이다. 사람은 사람과 사랑으로 살아간다. 하나님은 사람들이 서로 사랑하지 않고 사는 것을 보며 안타까움을 느끼신 것이다. 하나님은 그래서 우리에게 사람이 사는 이유를 다시 한 번 생각해보게 하신 것 같다. 이 글을 읽는 당신도 이 책을 통해 우리가 살아가는 이유를 생각해 보고 같이 사랑을 하며 더 나은 세상을 만드는 데 동참하기를 바란다. 이 책의 첫머리에 적혀있는 '사랑 안에 있는 사람은 하나님 안에 있으며 하나님은 그 사람 안에 계신다.'라는 사도 요한의 편지를 떠올리기 바란다.

(2016)

할머니께

오새솔

안녕하세요? 저는 오새솔이에요.
할머니, 지금부터 할머니가
좋은 이유를 적어 볼게요.

첫째, 할머니께서는 친구같으시다
둘째, 요리를 잘 하신다
셋째, 성실하시고 인자하시다
넷째, 잘 놀아 주신다
다섯째, 잘 놀게 해 주신다
여섯째, 편하다
일곱째, 가족들을 사랑하신다
여덟째, 그냥 같이 있으면 좋다

내가 사랑하니까
나를 사랑하시니까

(2018)

친구

오새솔

내 친구는 문제집의 정답
모르는 문제를 귀에 쏙쏙 들어오게 해주네.

어디 한번 여행 갔다 오면
꼭 기념품 하나씩 사다주는 정말
착한 내 친구

여름엔 같이 계곡에 놀러가고,
겨울엔 같이 썰매를 타고,
계절 따라 노는 나와 친구

선생님께 꾸중 들으면 위로해 주는
착한 내 친구

내 친구는 문제집 정답, 계절인, 착한 아이, 착한 내 친구,
세상 어떤 보물과도 바꿀 수 없는 정말 소중한 내 친구

(2017)

우리집 고양이는

오새솔

우리집 고양이는
호랑이 처럼
카리스마 넘치는 고양이.

우리집 고양이는
강아지 처럼
줄줄 따라오는 귀여운 고양이 ← 개냥이

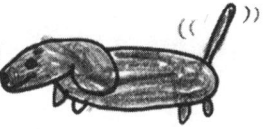

우리집 고양이는
사촌 동생들 처럼
말안듣는 개구쟁이 고양이지요.

하지만
아무리 말 안듣고 물어도
나는 우리 집 고양이가 제일 좋아요.

(수컷임)

오흥미 가족

딸들을 키우며

오홍미

어느덧 엄마의 큰 딸이 40대 중반이 되었네요.
저에겐 예쁜 딸들 은미, 혜빈이가 있네요. 이젠 딸들의 방안에서는 화장품 냄새가 솔솔~, 눈높이가 같아지는 키들…, 소녀로 탈바꿈한 딸들~, "엄마 엄마"하며 놀아달라 보챘던 아이들이 "교통카드"를 들고 친구들과 약속하며 즐거이 멀리 나가는 요즘 신기하기만 해요.
이런 것이 자연스러운 멀어짐이겠지만 아직도 낯설어질 때가 있는 듯해요. 새로운 것에 날마다 성장하고 있을 아이들이 벌써 18살, 15살!! 엄마가 저를 키울 때 이런 느낌이 드셨을 듯해요.
어린 딸 홍미가 소녀가 되고 성인이 되어 결혼을 하고, 아이를 낳아서 엄마가 되고…, 얼마나 신기하고 낯설었을지…. 엄마~ 그런 제 옆에 늘 있어 주서서 감사하고 고맙습니다.
종종 어린 저를 생각하시며 옛날 저의 어렸을 때 얘기를 하시는 엄마. 그 어렸던 복실이 홍미가 엄마 옆에 두 딸들의 엄마가 된 모습으로 서있게 되었네요. 부모님과 함께 있던 25년, 새로운 가족을 꾸린지 벌써 20년이 되어가네요.
부모가 된다는 것이 얼마나 오랜 인내와 정성이 있어야 되는지. 매 시기마다 아이들을 키우며 저도 부모로 성숙해지는 듯해요. 그럴 때마다 엄마의 감사함에 더 고맙고 엄마가 존경스러워요.
딸들을 키우며, 이 아이들이 나에게는 큰 보물인 듯해요. 때때로 친구도 되고, 때때로 안내자가 되기도 하는 훌쩍 커버린 딸들. 엄마와 딸은 시간이 흘러도 언제나 늘 함께할 수 있는 사이인 듯 해요.

그런데 요즘 제가 일을 한다는 이유로 엄마랑 함께하지 못하고 있네요. 자주 찾아뵙지도 못하고 엄마 미안해요. 우리들이 내려가면 금세 뚝딱뚝딱 요리를 준비해서 맛난 냄새 풍기며 우리를 챙겨주실 엄마의 모습이 떠오르네요. 엄마 표 음식은 언제나 그립고 먹고 싶어요.

이번 여름은 가족문집으로 엄마가 책 읽기와 글쓰기에 얼마나 전념하고 계실지…. 부디 엄마와 함께하는 문집으로 가족 모두가 한 마음이 되길 바래요.

저에게 많은 추억들을 새록새록 떠오르게 해주고, 미소 짓게 해주셔서 감사해요. 훗날 우리 딸들이 문집을 읽으며 이 여름을 기억하겠죠. 제가 엄마를 생각하는 것처럼…… 엄마 이런 시간 주심에 감사합니다. 저의 소중한 신랑과 우리 딸들 열심히 잘 키우겠습니다. 옆에서 지켜 봐주세요.

엄마는 나의 든든한 존재!! 저도 엄마처럼 딸들을 위해 글을 쓰며 행복하게 미소 짓는 그날이 오겠죠. 엄마, 늘 지금처럼 몸과 마음 건강하시고 아름다운 소녀 할머니로 우리 아이들에게도 있어 주세요.

엄마, 사랑해요.

(2018)

보고 싶은 아빠

오홍미

아빠!! 정말 오랜만에 아빠한테 편지를 쓰네.
 아빠의 빈자리가 이젠 10년이나 되었어…. 잊지 못할 정도로 힘들었는데.

10년 동안 많은 것들이 차츰 차츰 변하기 시작했어. 오빠네 식구, 우리가족 식구는 4명이고, 동생들 가족들은 모두 5명이야. 동생들 아이들이 3명씩이야. 동생들이 아이들 욕심이 많은 듯 해^^.

어린 시절 어울려 지낼 때는 몰랐는데 가족이 많다는 건 큰 축복인 듯 해. 물론, 가족을 돌보고 보살핀다는 게 힘들 일이지만….

아빠가 어린 시절에 할아버지를 여의시고 그 자리의 책임감을 가지며 어렵게 지내신 거 알아. 그래서 더 우리가족에게 열심히 사시는 모습을 보여주셨는데. 웃을 일이 더 많아질 쯤 아빠의 갑작스런 빈 자리!

아빠, 너무 보고 싶어.
 아빠, 하늘에서 우리 보고 계시죠?
 아빠가 우리가족을 위해 열심히 사셨던 거처럼….
 늘 책임감과 성실함이 가득했던 아빠 모습. 잊지 않을게.

우리가족의 큰 울타리였던 아빠, 아빠께 진심으로 감사해요
지금 아빠가 우리들의 모습을 보며 활짝 웃고 계시면 좋겠다!!
엄마가 해주시는 음식을 소리 없이 맛있게 드시고
엄마가 사다 주시는 옷, 신발 모두를 좋아했던 아빠

술을 못 드시는데 이따금 한 잔 드시고, 얼굴이 발그레 붉어지시며 기분 좋게 웃으시던 아빠, 우리가 아프면 밤새 약 발라 주시며 걱정해주던 아빠, 고장 난 물건들을 척척 잘 고치셨던 아빠, 아빠가 그립고 보고 싶어.

(2018)

세상이 하얗게 변하는
눈부신 겨울
사랑이란 말하지 않아도
다 이해하는 거라 말하는 당신에게
하얀 눈송이가
내리는 사랑하는
겨울이 주었으면 좋겠습니다

엄마, 사랑하는 엄마 ──

두달가량 뜰래미 몸조리 시키느라 힘드셨죠?
힘들게 해드려서 죄송해요. 편안하다는 이유로, 엄마 일도
안도와 드리고. 음마 낳고 시간이 어떻게 흘렀나 기억이
나지 않아요. 엄마, 아빠, 동생들 덕분에 몸조리 잘하고 탈없이
있었어요. 다시 한번 감사드려요. 특히, 엄마께 더 고맙고요.
몸조리 기간동안 짜증내고 힘들면서 가슴에 걸리네요. 그냥
산후우울증 이라 생각해주고 이해해 주세요.
매번 얄밉게도 엄마 힘들게 하네요. 미안해요.
우리 뜰바라기에 항상 손이며 마음이며… 타는 몸을 볼때마다
가슴이 아픈데도. 도움이 되지 못하는 딸이라서 더 죄송해요.
쉽게 가영 엄마의 자리가 무지 클것 같아요.
그럼에서도 마음속으로 엄마가 더 생각나는것 같아요. 오며을
사랑스럽게 내가 키우듯이 엄마도 우릴 이렇게 키우셨을텐데…
엄마, 엄마 마음에 다는 안들겠지만. 엄마한테 감사하께.
꽁안 내가 못해드린것 다 잊어버리셔도.
엄마가 여행가고 없는 잠깐이 시간 열자만….
엄마가 내게 얼마 잘해주셨는지 다시 한번 느꼈어요.
항상 엄마 그마음, 늘 베풀어주시는 사랑 잊지 않고 지낼께요.
시집가서 곁에 훌쩍 있으면 가족들이 무지 많이 그리울눈데.
어쩌제도 올라가며 또 그리울것 같아. 가족들 모두에게 받은 사랑
감사하면서 지낼께요.

최성자 여사, 장모님 그러다 어머님!!

주재영

군생활을 마치고 전과는 다른 생을 계획하며 시작한 학교 앞 커피숍. '도시로 가는 길' 1995년 4월경부터 운영을 시작한 가양동 골짜기의 지하 커피숍부터였습니다. 그녀와의 만남이.

가진 것도 그리고 배운 것도 없었던 그저 호기만 가득했던 그 시절 고맙게도 내 앞에 나타나준 나의 피앙새 오홍미와의 만남은 서로 미래를 모른 채 폭주 기관차처럼 사랑을 키워가게 되었습니다. 처음엔 그저 손님으로, 그 다음엔 이물 없는 오빠 동생으로, 다음엔 서로를 보담아주는 연인으로 발전할 때까지 우린 서로의 부모님과 가족은 서로 소개치 않고 약 10개월을 교제하였고, 그렇게 지낸 시간동안 서로의 믿음은 자꾸만 커져 갔습니다.

1996년 2월 어느 날 진눈깨비가 흩날리던 홍미의 졸업에 초대 받아 갔을 때 부모님과 가족들과의 첫 조우를 하게 되었습니다. 적잖이 긴장하며 나름 단정한 모습으로 다가가겠다고 입지도 않던 양복을 입고 한 손에는 축하의 마음만큼 그리고 받게 될 관심만큼 커다란 꽃바구니를 들고 한걸음 한걸음 다가가며 긴장했을 때 나를 주시하던 홍미의 밝은 외침 '오빠! 이리와' 했을 때 돌아보며 정색하던 최성자 여사님과의 어색한 눈맞춤이 지금도 생생히 기억납니다.

계산해보면 그때 최성자 여사님의 나이가 지금 저와 동연배셨습니다. 벌써 23년이나 지나버렸습니다. 세월은 유수와 같다던 어른들의 말이 혹 들어옵니다. 다시 그때로 돌아가 보겠습니다. 저에겐 장인어른과 장모가 되실 분들이었기에 첫 만남의 쌀쌀함과 냉대가 서운하기만 하고, 제 겉모습에 적잖이 당황하시며 연인임을 부정하시고, 그저 작은 인연이기를 바라며 친척들에게 소개하시던 그 모습에서 전 정말 작아졌습니다. 스스로 창피하기도 돌아보기도 했습니다.

지금도 좋아하는 술이지만 그날 저녁은 만취가 되었던 것 같습니다. 그날이 최성자 여사님을 정식으로 대면한 날이었고, 그 후로 약 5개월 정도는 다시 만나뵙지 못 했습니다. 그 해 억수처럼 비가 오던 어느 날 홍미는 같은 서클에서 알고 지낸 친구의 군 면회를 가게 되었고, 그만 돌아오는 버스를 놓치게 되어 돌아올 수 없는 상황에서 외박하겠다는 딸에게 복귀의 불호령이 떨어졌었고 덕분에 전 장대비를 뚫고 제 연인을 데리러 밤 열 시에 대전에서 먼 포천까지 갔었지요.

제 인생에서 가장 험한 상황에서의 운전은 바로 그날이었고 함께 갔던 후배는 그날이 제삿날이라며 손에 땀을 쥐었었습니다. 지금도 그때를 얘기하고요. 어쨌든 무사히 집으로 데려다 주고(물론 홍미는 저에게 굉장히 혼났겠지요^^)왔었답니다. 고생 끝엔 낙이 있는 법! 일주일 정도 지났을까 봅니다. 홍미와 데이트를 마치고 집 앞에 데려다 주었는데 잠시만 기다려 달라는 홍미의 말에 차에서 기다리고 있는데 쟁반에 무언가 들고 나오는 홍미의 모습이 보였고, 차 안에서 정체를 확인했을 때 파인 대소를 했습니다.

곱게 다리 꼬고 있던 영계의 자태가 아름다워 보였지요. 전 그렇게 장모님의 사위사랑 첫 번째 삼계탕을 차 안에서 맛나게 먹었답니다. 그날도 비가 왔었네요. 그게 첫 번째로 장녀의 애인으로 정식으로 인정된 날 같습니다. 참 무던히도 냉정하시던 최성자 여사가 마음을 열게 된 날이기도 하답니다. 그 해 최성자 여사님의 생신에 초대가 되어 처음으로 집안에 들어가서 가족들을 대면하게 되었습니다. 묵묵한 그러나 듬직한 아버님을 비롯해 이남이녀가 함께하는 생신 잔치가 그렇게나 행복해 보였답니다. 그리고 성에 차진 않지만 사위로 조금은 인정하시게 되는 때였습니다.

그렇게 그렇게 시간이 흐르고 1998년 1월 다니던 회사에서 중국 공장의 영업 담당자로 발령을 받게 되었고, 그 후 홍미와는 서신(편지 배송이 느려 팩스 사용함)을 통한 사랑을 키워갔고 그러던 와중 저도 없이 어머님들끼리의 상견례가 이루어졌답니다. 홍미가 여름 방학기간에 저에게 오겠다며 생떼를 부려 이루어진 갑작스런 상견례였답니다.

(여기서부터 최성자 여사님은 저에게 장모가 된 시점입니다.)

곱디 곱게 키워 놓은, 눈에 넣어도 안 아픈 첫 딸에게 의문의 일패를 당하시며 미래에 겪게 될 사패의 전조를 맞게 되신 거지요. 사 남매의 자식 중 둘째인 장녀 홍미가 이때부터는 남의 식구가 된다고 생각하시고 엄청 서운하셨을 것 같습니다. 또 많이 우셨을 거고. 죄송합니다. 그 때 함께 있으며 손이라도 잡아드려야 했는데.. 걱정 마시라고 잘 살겠다고…. 갑자기 치러진 상견례와 함께 우린 가족이 된 거였습니다.

드디어 1999년 12월 19일 우린 부부가 되었고 정식으로 처가라는 새로운 가족들을 맞았습니다. 12월 19일 그땐 눈이 내렸습니다. 처 가족들과 첫 만남, 첫 끼, 첫 가족이 될 때마다 하늘에서 축복이 있었던 것 같습니다.

2001년 11월 16일 아침 7시 6분에 저와 홍미의 소중한 첫딸 은미가 태어났습니다. 우리를 비롯한 가족들에게 너무나 큰 축복이었고 행복이었습니다. 하지만 돌이켜보면 장모님의 제 3의 시련의 시기가 시작된 것 같아 씁쓸해집니다. 어린 나이에 부모를 잃으셔서 방앗간 부잣집 공주님이 억척스런 언니 누나로 세 동생을 건사하시고 희생하시고 시집오신 후 삼십 년을 시부모를 모시며 네 명의 자식을 키우시며 청춘을 희생하셨는데, 쉴 만하니 저희가 턱 하니 선물이랍시고 첫 손녀를 안겨 드렸습니다.

당연히 몸조리도 손수 해 주셨고요. 첫 손주를 얻으신 후 지금까지 10명의 손주들이 태어났고 지금까지 18년 동안 아이들과 함께하며 행복하지만 조금은 힘겨운 생을 사시는 것 같아 항상 안쓰럽습니다. 그리고 고맙고 사랑합니다.

2007년 삼복더위에 청천벽력 같은 소식! 장인어른의 부음에 슬퍼하시며 통곡하시던 모습이 눈에 선합니다. 하지만 극복하며 이겨내시는 모습이 더욱 더 가슴에 울림을 줍니다. 너무나도 슬펐을 배우자의 죽음에 아이들과 함께하며 승화하신 지혜에 박수를 보내며 또한 경의를 표합니다. 그리고 바래봅니다. 인생의 제4막에서는 고통과 슬픔은 없고 희망과 웃음만 함께 하시길 바래봅니다. 그간의 희생에 보답 받을 수 있는 날들만 있길 간절히 기원 드립니다.

두서없이 써내려 왔습니다.
감사드립니다. 사랑스런 딸을 저에게 보내주셔서,
감사드립니다. 저를 믿어주시고 인정해주셔서,
감사드립니다. 은미, 혜빈이를 사랑해주셔서,

감사드립니다. 지금껏 힘이 되어주셔서,

죄송합니다. 자주 찾아뵙지 못해서,
죄송합니다. 자주 전화 드리지 못해서,
죄송합니다. 가끔 아프게 해드려서,
죄송합니다. 믿음에 함께 하지 못해서

바래봅니다. 가끔 저희 집에 놀러 오시길,
바래봅니다. 가끔 멋진 신사와 차라도 한 잔 하시길,
바래봅니다. 가끔 친구들과 멋진 여행하시길,
바래봅니다. 가끔 혼자만의 시간을 가지시길,
정말 바랍니다. 이제 온전한 어머님의 행복을 찾게 되시길.

사랑합니다.

용인 맏사위 재영 올림.
(2018)

사랑

주은미

인간은 크게 두 분류로 나뉜다.
사랑을 받을 자격이 없다고 생각하는 사람과
사랑 받을 자격이 있다고 생각하는 사람으로

모든 인간, 사랑 받아 마땅한 존재
온 세상 어디, 사랑 받지 못할 사람 하나 없다.

그러니 걱정 말고 후회 없게
미소를, 감사를, 사랑을

영원할 수 없는 인간이니
온 마음 다하여 사랑하자.

(2018)

바다

주은미

바다는 진정한 대인배다.
썰물 때에는 조개들에게
그들만의 시간을 주고
밀물 때에는 경쾌한 율동을 하며
그들을 다시 끌어안으니까

이게 진정한 가족이다.
아무 말 없이 기다려주고, 돌아오면
아무 말 없이 안아주고

(2018)

오작교

주혜빈

어둠 속 한 걸음 한걸음 오작교 위에
발을 내딥니다

어두워 앞이 잘 보이지 않습니다
떨어질까 무섭고 두렵습니다

견우와 직녀가 만나듯이
내 앞에는 촛불을 들고 계신 할머니가 계십니다.

나는 할머니와 함께 오작교 위를 한걸음 한걸음
내딛습니다.

(2018)

나무

주혜빈

나무는 우리의 삶 속에서 큰 역할이 되어준다.
예를 들어 우리 모두를 숨 쉬게 해주고
내가 생각할 땐 우리와 소통뿐만 아니라 든든함을 채워준다.
우리는 살아가는 데에 있어 소통이 필요하다.
소통을 할수록 고민 해결도 되고,
다시 한 번 생각해 볼 수 있는 기회가 되고,
속마음을 털어 놓을수록 마음이 따뜻해진다.
소통을 하기 위해선 들어줄 무언가가 필요하다.
그 무언가는 나무도 될 수 있다.
나무한테 속마음을 털어놓으면서 든든함을 느낄 수 있다.
나는 이런 나무가 우리에게 주는 것들을 보면
할머니와 닮았다는 생각이 든다.
나무와 같은 역할을 해주시는 할머니가 항상 감사하다.

(2018)

오선미 가족

엄마의 밥상

오선미

　방학을 해 하루 세끼를 혼자 준비하며 세끼를 어떻게 때우나 걱정을 하며 보내고 있다. 가족들 세끼를 뭘로 준비할까? 간식은 무엇을 할까? 직장을 다니는 동안 생각해 보지 않았던 주부의 삶을 살고 있다.
　가족을 위해 주방 일을 하며 문득 엄마를 떠올렸다.
　엄마는 어떻게 일곱 식구의 세끼를 책임지셨을까? 엄마는 네 남매를 기르고 홀시어머니를 모시며 가족의 끼니를 손수 늘 준비하셨다. 부끄럽지만 자라는 동안 나는 밥상에 앉아 엄마께서 차려주신 음식들을 맛나게 먹었지 엄마께서 어떤 과정과 수고로 이 밥을 차리시는지 몰랐다. 그런데 내가 엄마가 되어 손수 식사를 차려보니 이것이 얼마가 많은 노동이 들어가는지 알게 되었다. 기본적으로 음식을 준비하고 먹고 치우는데 1~2시간이 걸린다. 음식 재료를 다듬고, 나물을 무치고 식탁을 차리고 치우고 설거지 하고……. 날마다 그 과정을 하루 세 번 반복한다면 고된 노동이 아닐 수 없다. 그저 가족들 입에 건강한 음식이 들어가는 보람으로 하는 것이지만 여간 수고스럽지 않다.
　문득 옛날 엄마의 모습을 잠시 떠올려본다. 내가 하교하면 엄마께서는 도너츠며 꽈배기며, 찐 감자, 옥수수 등 손수 만드신 간식들을 날마다 준비해 주셨다. 엄마께서 준비해 놓으실 간식을 생각하면 하굣길이 즐거웠고 하교 후 먹는 간식은 말 그대로 꿀맛이었다. 하교 후 집에 들어설 때 엄마께서 두 팔 벌려 안아주시곤 하셨는데 엄마의 포옹과 간식은 당시 나의 영양제였고, 치료제였다. 혹여 밖에서 힘들고 짜증나는 일이 있어도 간식을 먹는 그 시간이면 마음이 풀리고 긴장이 풀렸다.

그 시절에는 친구들과 저녁까지 신나게 뛰어놀 때가 많았다. 친구들과 놀다보면 어느덧 동네는 어둑어둑해지고 골목골목 밥을 짓는 소리가 들리고 구수한 음식 냄새들이 풍겨났다. 어둑어둑해진 골목에서 엄마께서는 우리를 밥 먹으라고 부르셨다. 엄마의 부름에 집에 돌아오면 식탁 위에 모락모락 김이 피어오르는 갓 지은 밥과 구수한 된장찌개와 온갖 푸성귀로 만든 반찬들이 나를 반겨주었다. 한마디로 지금의 웰빙(well-being)밥상이었다. 두레상에 온 가족이 둘러 앉아 밥을 먹는 그 시간에는 온 가족을 따뜻이 감싸주는 행복감이 밀려오곤 했다.

어른이 되어 가끔 생각해 본다. 나의 유년시절이 따뜻하게 기억되는 것은 무엇일까? 내 유년시절을 행복하게 만들어 주는 것이 무엇일까? 기억에 남는 것 중 하나는 바로 온 가족이 함께하는 집밥이었다. 엄마께서 일곱 식구들을 위해 구슬땀을 흘리시며 준비해 주신 정성어린 밥. 나는 그것을 먹고 잔병치레 없이 건강히 잘 자랐다. 몸만 건강한 것이 아니라 마음도 건강히 자랄 수 있었다. 또 두레상에 온 가족이 둘러 앉아 밥을 먹는 그 시간의 행복감과 충만감은 이 세상에 따로 족히 빗댈 것이 없다. 나의 유년 시절의 이 따뜻한 밥상이 나에게 얼마나 든든한 지원군이었는지는 설명이 필요없다.

내가 어릴 적 만해도 외식, 배달음식은 거의 없었다. 자장면이나 돈까스는 입학식이나 졸업식에 먹는 특별음식이었고, 치킨은 언니가 직장에서 월급을 받아와 한 턱 낼 때 먹는 귀한 음식이었다.

다시 현실로 돌아와 내 가족의 식생활을 생각해 본다. 내가 차린 밥상은 사온 반찬과 배달음식, 냉동음식으로 뒤범벅이 되어있다. 아이들 입에서는 "파자, 치킨 시켜먹어요."가 남발이다. 주마다 동네에 맛있다는 집은 다 다니면서 외식으로 돈을 펑펑 쓴다. 바쁜 맞벌이 부부의 삶은 밥을 짓고 온 가족이 상에 둘러 앉아 밥을 먹는 따뜻한 집밥 문화를 없애버린 것 같아 씁쓸하다.

나중에 우리 아이들이 유년 시절을 뒤돌아볼 때 무엇을 기억할까? 무엇이 그들의 따뜻한 유년 시절로 기억될까? 수많은 배달음식 책을 보며 음식을 골라먹는 모습일까? 간편 조리된 냉동 음식들일까? 가기 싫어도 억지로 끌려가서 먹었던 외식일까?

아이들에게 따뜻한 집밥 문화유산을 물려주지 못하는 게 미안할 따름이다.

생각해보면 지금 아토피로 고생하는 사람들이 많아지는 것도 사회에 흉악범죄를 일으키는 사람들이 많아지는 것도 이런 따뜻한 집 밥 문화가 사라져서 생긴 것은 아닌지 생각해 본다. 일회용 용기에 담겨져 배달되는 간편한 배달음식들, 준비하고 치우는 수고로움이 사라진 정성 없는 밥상, 온 가족이 둘러앉아 이야기를 하며 먹는 식사시간의 부재. 사람들이 직장으로 학업으로 바빠지고 집밥을 해 먹을 수 없는 형편에 이르고 함께 둘러앉아 밥을 먹을 시간조차 없어진 것. 그것이 지금 일어나는 간담을 서늘하게 하는 사회현상과 무관한 것이라고 말하기는 힘들 것이라고 생각한다. 사람은 따뜻하고 평안함을 느낄 때 세로토닌(행복호르몬)을 발산한다. 집 밥을 온 가족이 둘러 앉아 먹는 행복한 시간이 많아질 때 우리의 가정들이 회복되고 이 사회가 더 밝아질 것은 분명한 일일 것이다.

내게 따뜻한 집밥의 유산을 물려주신 어머니께 감사드리고 이제부터라도 나의 자녀들에게 집밥의 따뜻함, 그리고 건강함을 물려주기 위해 노력해야 할 거 같다.

(2018)

사랑하는 아빠께

오선미

아빠, 안녕하세요? 저 선미예요.
아빠, 아빠가 저희를 떠나신 지 10년이 되었네요. 올해 어머니 문집을 내면서 아빠가 떠올라 이렇게 편지를 써요. 아빠 그동안 (지난 10년 동안) 아빠 생각을 많이 못해서, 아빠 기일을 잘 지키지 못해서 죄송해요. 하지만 아빠를 잊은 것은 아니예요. 아빠께서 늘 함께 하신다고 마음속으로는 느끼고 있었어요.
아빠, 아빠께서 갑자기 우리를 떠나시고 몇 년 동안은 정말 '아빠'라는 말을 입에 올릴 수가 없었어요. 왜냐면 아빠라는 낱말을 생각할 때마다 눈물이 났거든요. 아빠라는 말만 생각해도 마음이 아파서 아빠라는 낱말을 말로 할 수가 없었어요. 이제 10년이 되니 아빠라는 낱말을 말할 수는 있는데 늘 아빠를 생각하면 마음이 아파요. 주위에 아빠 또래 분들을 뵐 때면 아빠가 많이 생각나요. "우리 아빠도 살아계시면 좋을 텐데……. 모시고 함께 여행도 가고, 힘든 일이 있으면 상의도 하고 좋을 텐데……." 그런 생각을 하네요.
아빠, 어머니께서 이제 일흔이세요. 아빠도 함께 이 자리를 하면 좋을 텐데 안 계셔서 아쉬워요. 그래도 마음으로는 아빠께서 언제나 함께한다고 생각해요.
어린 시절 아빠를 떠올려보면 아빠께서는 늘 과묵하셨던 것 같아요. 목이 안 좋으셔서 그런지 별 말씀이 없으셨죠. 그래서 아빠랑 대화도 많이 한 기억이 없어요. 그런데 아빠, 저를 비롯해서 우리 남매들은 다 아빠의 사랑을 느낄 수 있었어요. 아빠는 솜씨가 좋으셔서 필요한 것을 뚝딱뚝딱 잘 만드셨죠. 눈이 많이 온 날에는 눈썰매를 만들어 주셨죠. 나무판에 칼날을 달고, 또 비닐눈썰매도 준비해 주시고……. 또 우리들 명찰을 손수 파주셨죠. 그리고 늘 언제나 교육비 내는 것은 1등이셨어요. 학교에서 돈을 내라는 것이 있으면 그 다음날로 은행에 가서서 내셨죠.

  그것을 보고 아빠께서 우리들의 교육에 얼마나 관심이 많으신지 알았어요. '공부 열심히 하라'라는 말씀은 안 하셨지만 여러 모로 저희들이 공부할 여건을 갖추도록 애써 주셨던 것이 기억나요. 학교에 들어가기 전에 아빠께서는 한글읽기표와 시계 보는 법을 큰 종이에 적어 벽에다 붙여 놓고 알려주셨죠. 우리 넷을 아빠 손으로 다 가르치셨죠. 어느 한 해 겨울에 우리 4남매 중에 한 명이 아빠께서 외우라는 것을 다 외워 축하의 의미로 함께 외투를 입고 슈퍼로 삼립호빵을 사러간 기억이 나요. 함께 호빵을 호호 불면서 먹으면서 집으로 돌아오던 기억이 나요. 눈이 정강이까지 왔던 날인데 눈을 맞으며 호빵을 먹고 돌아오던 그 일이 얼마나 즐거웠는지 몰라요.

  그리고 제가 어렸을 때 아빠께 어떤 이유인지는 모르지만 종아리를 맞아서 울면서 잠이 들었는데 아빠께서 제 방에 들어오셔서 부은 제 종아리에 안티프라민을 발라주셨던 게 생각이 나요. 자는 척 했지만 약을 발라주시면서 제 종아리에 '호~' 하고 입김을 불어주시던 아빠의 모습이 생각나요. 그 때 속으로 '아빠도 매를 때리시고, 아빠도 속상하셨겠구나, 아빠도 나를 사랑하시는구나.' 하고 생각했어요.

아빠, 초등학교 다닐 때 어느 해인가 제가 다리를 다쳤을 때 아빠께서 오토바이를 끄시고 저를 데리러 오셨던 것이 기억나요. 다리 아픈 저를 태우러 일부러 시간을 내 주셔서 오셨던 것 감사합니다. 아빠. 그리고 저희들 운전기사가 되어 고등학교 때 등하굣길을 함께 해 주셨지요. 아빠의 차를 타고 등하교 하면서 이른 시간 학교에 가고 늦은 시간 집에 왔지만 고단하다고 느끼지 못했어요. 하교하는 길에 아빠의 차가 나를 향해 번쩍하고 불빛을 비추면 '오늘 하루도 잘 마무리 되었구나'라는 생각에 얼마나 안도감이 들었는지요.

아빠. 제가 어느 해인가 부여를 가고 싶다고 노래를 불렀죠. 예전에는 지금처럼 차편이 좋지 않아 어디 움직이기도 불편했을 때예요. 아빠께서는 일부러 시간을 내어 가게 문을 닫고 저를 데리고 부여여행을 가 주셨어요. 함께 궁남지도 가고 부소산성도 가고 낙화암도 갔던 것이 기억에 남아요. 처음 본 부여의 문화유적지들은 참으로 멋있었습니다. 그 때 바쁜 시간을 내어 함께 여행을 해 주셔서 고맙습니다.

아빠, 아빠랑 많은 얘기를 못했던 것이 늘 아쉬워요. 과묵했던 아빠를 이해하기에는 저도 생각이 짧았나 봐요. 천방지축 딸을 그저 바라만보시고 아무 말도 안하시던 아빠의 속마음이 궁금하네요.

아빠, 저희 4남매는 아빠의 사랑으로 커서 잘 살고 있어요. 아빠의 성실히 일하시던 모습과 가정을 위해 봉사하시던 모습을 보지 못했다면 저희들이 이만큼 잘 살 수 없었을 거예요. 아빠, 정말 감사드려요. 묵묵히 가족들을 위해 땀을 흘리시면서 일하신 것……. 4남매의 아버지로서 집안의 장남으로 홀시어머니를 모시고 가정의 경제를 책임지시느라 많이 힘드셨을 것 같아요. 어렸을 때는 아빠의 두 어깨에 주어진 책임감을 이해 못했네요. 죄송합니다.

　아빠, 다시 뵐 날을 고대해요. 다시 뵈는 날 아빠를 안아드리고 감사했다고 꼭 말씀드리고 싶어요. 아빠, 감사해요. 저를 낳아주시고, 길러주셔서요. 아빠의 사랑에 힘입어 남은 저의 삶도 열심히 살아가도록 할게요. 아빠, 사랑해요. 제가 못해드린 것이 있다면 다 용서해 주세요. 아빠, 나중에 만나요. 사랑해요.

(2018)

식물 예찬

오선미

우리집 베란다에는 몇 개의 화분이 있다. 나는 식물 가꾸기에 관심이 많지 않아 가끔 식물에 물주는 것을 잊곤 한다. 그래서 식물들의 이파리가 누루죽죽하게 되면 그제서야 정신 차리고 물을 주어 식물을 다시 회생시키고는 한다. 이런 척박한 환경에서도 살아남은 대단한 식물들이 우리 집에 산다.

어느 날 문득 식물들에게 물을 주며 번뜩 이런 생각이 들었다. "아, 이 식물들은 단지 물만 주면 되는데……. 원하는 것은 물뿐인데……. 물만 주면 잘 자라는데……. 세상에 이렇게 겸손한 것이 또 있을까?"

인간은 여러 필요한 것을 얻기 위해 고군분투하고 자기 몸을 위해 여러 가지 좋다는 것은 불법을 가리지 않고 다 구해 먹는데 식물은 단지 물만 주면 되는 것이다.

엄연히 따지면 식물은 자기의 생명보존을 위해 물만 필요한 것은 아니다. 식물은 물, 햇빛, 이산화탄소로 광합성 작용을 해 자기 몸에 필요한 영양분을 스스로 만들어 낸다. 또한 증산작용을 통해 뿌리로부터 흙 속의 무기질을 흡수해서 영양분을 보충한다. 식물은 움직이지 않아 단순해 보이지만 그 안에서는 생명의 유지와 탄생을 위해 끊임없이 온 식물 속의 여러 기관들이 움직이고 있다.

식물이 생명 보존을 하는 이유는 꽃과 열매를 맺는 것이 있는 것 같다. 식물은 꽃을 피워 수분을 하면 씨를 담고 있는 열매를 맺는다. 식물은 열매 속의 씨를 물, 바람, 동물들을 이용해 옮기고 퍼뜨리며 자손을 번식시킨다.

올해 반 아이들과 고추모종, 토마토 모종을 화분에 심어 교실에 두고 자라는 모습을 관찰했다.

햇빛 잘 드는 창가에 화분을 놓아두고 날마다 물만 주었을 뿐인데 두 식물은 쑥쑥 자랐다. 그리고 어느 날 꽃이 피더니 작은 고추 열매, 초록 방울 토마토 열매를 맺었다.

반 아이들은 이 모습을 모며 감탄을 연발했다.

"선생님, 꽃이 피었어요! 열매가 맺혔어요. 귀여워요."

식물들의 자라는 모습이 신기해서 날마다 구경을 하며 물을 주는 아이도 있었다. 식물이 크는 모습을 지켜보며 나도 기쁨이 충만했다. 물만 주었을 뿐인데 쑥쑥 자라 열매를 맺는 식물의 생명력이 신비했다. 또 이 식물들이 자라 우리에게 먹거리가 되어 주고 입을 거리가 되어 준다는 것이 고마울 따름이었다.

식물, 식물은 많은 것을 바라지 않는다. 그저 햇빛과 물, 그리고 흙 속의 약간의 무기질이면 충분하다. 그것으로 자신의 양분을 만들고 그 과정에서 사람들에게 이로운 산소를 배출하고 아울러 나중에는 자신의 몸을 내어 주어 우리의 의식주에 도움을 준다.

식물을 보다보니 갑자기 그리스 철학자 디오게네스가 떠올랐다. 디오게네스가 햇빛을 쬐고 있을 때 알렉산더 대왕이 나타나 무엇을 원하냐고 물었다고 한다. 알렉산더는 그 시대 유명한 철학자에게 무엇이라도 선물로 줄 셈이었을 것이다. 그러자 디오게네스가 '햇빛을 가리지 말고 옆으로 비켜주면 고맙겠소.' 라고 말했다나? 디오게네스가 천하를 호령하던 알렉산더 대왕에게 원한 것이 국토의 일부분이나 보물이 아니고 햇빛 한 줌 뿐이다. 햇빛 한

줌을 원했던 디오게네스나 식물이나 겸손한 것이 일치하는 것 같다.

요즘 유행하는 말 중에 미니멀 라이프(minimal life)가 있다. 적게 소유하는 삶. 가끔씩 식물에게 물을 주면서 나도 식물처럼 겸손하게 살고 싶다는 생각을 한다. 넓은 집, 비싼 차, 많은 돈을 구하지 않으며 단지 내게 주어진 공기, 햇빛, 하늘, 숲속, 바다, 주위를 둘러싼 자연과 계절의 변화 등등 이런 것에 깊이 감사를 누리며 사는 것 말이다.

나도 식물처럼 적은 것에 만족하며 그것으로 자신의 삶을 충실히 가꾸고 열매를 맺으며 감사하는 삶을 살고 싶다. 식물을 보며 나는 오늘도 겸손한 마음을 가져본다. 아울러 나에게 물만을 원하는 우리집 식물들에게 물주는 것을 잊지 않고 주려고 노력을 해야겠다. 나에게 늘 많은 깨달음을 주는

식물들에게 감사를 표한다.

(2018)

엄마는 하늘…
엄마는 바다…
엄마는 꽃…
엄마는 산소…
엄마는 포근함…
엄마는 나의 둥지…
엄마는 내 친구…
엄마는 형님…^^
엄마는 그리고…
내 모든 것!!!

축하드려요 ♥

🌸 세상에서 가장 사랑하는
울 엄마께~♡

♪ 이 세상에서 제일 좋은 건
우리 엄마~♪
♡ 엄마 전 항상 위 노랫말이
참 좋다고 느꼈어요. 왜냐면
진짜 위 노랫말이 맞거든요.^^
엄마! 쉰 네 번째 생신
진심으로 축하드려요. 앞으로도
소녀 같은 마음으로 낭만적으로
행복하게 사세요~!

2002. 10. 26. 작은딸

어머님께

이강희

어머님, 안녕하세요?
오랜만에 펜을 드네요. 평상시에 글쓰기를 하지 않아서 서툰 것을 이해해 주세요. 수필이나 짧은 글쓰기를 해 보려고 노력했지만 생각처럼 되지 않네요.
먼저, 일흔 살 생신을 맞이하여 문집이 나오는 것을 진심으로 축하드립니다.
어머님의 글 쓰시는 열정에 찬사를 보냅니다. 어머님처럼 노년에 삶을 돌아보며 여러 느낀 것을 글로 쓰는 것이 참으로 멋진 일이라고 생각합니다. 어머님의 열정을 저도 본받고 싶습니다. 앞으로도 글쓰기에 더 매진하셔서 좋은 글 많이 쓰시기를 기대하겠습니다.
어머님, 항상 저희를 잘 돌봐주셔서 감사합니다. 지난 몇 년 동안 저희 아이들을 봐주셔서 저희 아이들이 어머님의 보살핌 아래에서 건강하고 밝게 잘 자랄 수 있었습니다. 또한 저희 부부도 각자의 일을 하면서 평안히 잘 지낼 수 있었습니다. 저희들을 위해 묵묵히 헌신하여 주신 것을 이 자리를 빌어 진심으로 감사의 인사를 드립니다. 어머님, 앞으로도 건강하시고 지금처럼 활기차고 즐겁게 사시길 응원 드립니다.

— 어머님을 존경하는 가은 아빠 올림(2018)

우리 할머니

이른 아침 나를 깨우는 익숙한 목소리
이불 속 깊이 파고드는 우리 할머니의
정겨운 산골 마을 냄새

이른 아침부터 일 하시는 우리 할머니의 모습
도와드리지 못 하여 죄송한 나의 마음
하시만 또 심통을 부리는 나의 부끄러운 모습

우리 할머니는 우리를 빛 주어 주시는 태양
우리는 그 속에서 자라나는 새싹
오늘도 우리를 따듯하게 보살펴 주시는
 우리들의 희망

12살 외손녀 가은

우리가족

　　　열두살	　일	어	나	면	운
아 침 에 		　	우 리 가	족
혜 어 지 	밥		먹 을 때 면
집 심 나 는		리 가 족
생 각 		모		만 나 면
저 녁 에 		이 가		독 한
반 가 움 		족
　　　우 리

단풍잎

여덟 살 이주은

아기 손을 닮은 단풍잎
엄마나무에서 떨어진
단풍잎
단풍잎

멋진 가을의 색

단풍잎 세상이 왔구나

(2018)

달콤한 냄새

이주은

나는 벌이다. 할머니는 꽃이다.
벌이 꽃을 좋아하듯이 나는 할머니를
좋아한다.
벌은 꽃이 없으면 못 살듯이
나도 할머니가 없으시면 안된다.
할머니 앞으로도 달콤한 냄새를
많이 풍겨 주세요. ♡~

— 사랑하는 할머니께 —

고마우신 우리 할머니 저는 외손녀 주은이에요, 칠십 생신을 정말 축하드려요, 앞으로도 아프지 마시고 건강 하셨으면 좋겠어요, 오래오래 사시고 앞으로도 저희를 사랑으로 돌보아 주세요, 그동안 저희들을 키워주셔서 감사합니다, 앞으로 할머니 말씀을 더욱 잘 듣도록 노력 하겠습니다,

— 할머니를 사랑하는
10살 외손녀 주은 올림 —

할머니! 사랑해요

사랑하는 할머니께 ♡

우리를 돌봐주셔서 감사합니다,
건강하게 오래오래 사세요

- 이자성 올림 -

오홍상 가족

엄마, 아빠께

오홍상

엄마, 아빠! 2018년 1월 20일, 준기가 태어났어요. 코흘리개 막내가 다둥이 부모가 되었네요. 준기는 이제 7개월이 되어 제법 살이 붙어 통통하고, 옹알이도 잘 하고 있어요. 첫째 준혁이와 둘째 준성이는 막내 동생이 귀여워서 어쩔 줄 몰라 합니다. 세 아이들을 보면 한없이 예쁘고 사랑스러워요. 그러나 한 편으로는 험난하고 어려운 세상에서 아이들을 잘 키울 수 있을지 어깨가 무거워지기도 해요. 부모가 되어야 부모의 마음을 알게 된다고 그럴 때마다 아빠와 엄마를 떠올립니다. 어떻게 2남 2녀를 잘 기르셨을까요?

과거를 돌이켜 보면 생활이 풍족하지는 않았지만 부족하지도 않았던 것 같아요. 밥을 굶는다든지 도시락을 못 싼다든지, 보고 싶은 책을 보지 못한다든지 구멍이 난 운동화를 제 때 바꾸지 못한다든지 등의 일은 없었으니까요. 특히 막내였던 저는 부모님의 사랑을 더 받아서 하고 싶은 것과 가지고 싶은 것은 대부분 할 수 있었던 것 같아요. 무엇이 우리 남매들을 구김살 없이 자랄 수 있게 했을까요? 제가 부모가 된 지금에서야 깨달을 수 있었어요. 바로 자식들에 대한 헌신과 행동으로 보이신 가르침이 있었기 때문이라는 것을 말이에요.

아빠와 엄마는 매일 새벽 4시 반에 일어나셨지요. 할머니까지 모시고 사는 대가족의 아침 식사와 4개나 되는 도시락을 준비하고, 서점을 열 준비를 하시느라고 말이에요. 부지런히 서점 주변을 정리정돈하고 손님들을 맞이할 준비를 하셨지요. 아빠는 새로 나오는 책을 받으러 가실 준비를 하셨고, 하루에도 서너 번씩 시내에 있는 도매점까지 왕복하셨지요. 두 분은 하루를 정말 치열하게 사셨던 것 같아요. 밤 10시 마지막 손님들이 지나가고 자정이 되어서야 하루를 정리하고 겨우 잠자리에 드셨으니까요. 이런 부모님의 모습은 저희들에게 정말 열심히 사는 모습 그 자체였어요.

아빠는 엄하시고 과묵하셨지만 자식들을 생각하는 속정이 누구보다도 깊으셨어요. 우리 4남매가 자기 전 아빠 앞에 일렬로 서면 커다란 수건으로 배를 한 번씩 감아주셨지요. 밤중에 이불을 걷어 차내고 자서 혹시 배탈이 날까 걱정하셨던 아빠의 묘책이었어요. 저희들은 아빠에게 혼나는 때가 있었고, 종종 종아리에 매를 맞기도 하였습니다. 퉁퉁 부은 다리를 부여잡고 끙끙거리면서 잠을 자고 있으면, 아빠가 밤중에 오셔서 상처에 약을 발라 주셨어요. 혼내고 때릴 때는 아빠가 무서웠지만 잠결에 느낀 손길에서 사랑을 느꼈던 것 같아요. 아빠는 서점 일로 바쁘셨지만 자연농원, 독립기념관, 대전 엑스포 등 유명한 장소에 자식들을 모두 데리고 다니시며 볼 수 있게 해주셨어요. 변변한 교통수단도 없었던 그 때 어떻게 대가족을 이끌고 다니셨는지 놀랍기만 하네요.

어느 눈 오는 날, 나무 궤짝으로 썰매를 만들어 4남매를 태워주셨던 일도 기억이 나네요. 아빠는 참으로 속정과 잔정이 많으셨던 것 같아요. 아빠는 자식들의 일을 위한 것이라면 10원짜리 하나 허투루 쓰지 않으셨어요. 대학 등록금, 학비, 결혼, 출산 등등 우리 4남매의 인생 일정을 고려하여 철두철미하게 마련해 두신 것을 알았을 때 무척 놀랐어요. 난 과연 내 자식들에게 이렇게 할 수 있을까요?

엄마는 현명하고 자애로운 분이세요. 자식들의 인성 교육에 대한 관심이 많아서 각종 백일장, 그림 그리기 대회 등에 우리들을 데려 가셨지요. 엄마와 함께 잔디밭에서 글을 쓰고 그림을 그렸던 추억은 아직도 생생해요. 엄마는 주변사람들에게 늘 베푸셨지요. 형편이 어려운 친구, 동네 어른에게 반찬거리나 옷가지 같은 것들을 아낌없이 챙겨 주셨지요. 그래서인지 엄마 곁에는 사람들이 많은 것 같아요. 이러한 베풀기는 독거노인이나 장애인들에 대한 봉사활동으로도 이어졌지요. 엄마는 봉사를 통해 보람을 느끼신다는 말씀을 많이 하셨어요.

엄마는 꿈을 위해 부단히 노력해왔어요. 10살 무렵 외할머니를 여의고 어려운 가정 형편으로 학교를 일찍 그만 두셔서 늘 배움에 대한 열망이 있으셨어요. 엄마가 처음으로 문학을 배우고 싶다고 하셨을 때, 사실 격려와 응원보다는 늦은 나이에 잘 하실 수 있을지에 대한 염려가 컸었어요. 4남매를 키우면서도 틈틈이 문학 강좌, 시 모임에 나가서서 열심히 들으시고 배우셨지요. 습작을 해오신 것을 자식들에게 보여줄 때 엄마의 얼굴은 설렘이 가득한 '문학소녀'의 얼굴이었어요. 처음에는 틀린 맞춤법과 문법이 많았지만 점점 발전하셨지요. 그 변화에 저희들은 무척 놀랐어요.

그리고 몇 년의 배움과 노력 끝에 드디어 올해 등단을 하셨지요. 이런 부모님의 모습은 여느 책이나 스승에 비할 바 없는 최고의 가르침이었고, 우리 4남매가 삐뚤어지지 않고 올바르게 잘 자랄 수 있었던 것 같아요.

사람들이 흔히들 말해요. '가지 많은 나무에 바람 잘 날이 없다'고 말이에요. 하지만 가지가 많은 만큼 열매가 많고요, 지친 나그네가 쉬어갈 수 있는 커다란 그늘도 줄 수 있는 것이라고 생각해요. 또 기둥이 두껍고 뿌리가 깊어서 모진 비바람에도 끄떡하지 않아요.

우리 가지들의 큰 뿌리이자 기둥인 엄마가 올해 칠순을 맞이하셨네요. 두터운 기둥에 나이테 70개가 생겼어요. 그동안 베풀어주신 한없는 사랑과 가르침을 본 받아 우리 가지들은 또 다른 가지들을 내고 열매를 맺으면서 잘 살게요.

엄마! 칠순 축하드리고, 앞으로도 우리 4남매 곁에서 건강하게 계셔주세요! 사랑합니다!

시에라리온에 대한민국의 사랑을 전하다

오홍상

'여보……. 나 에볼라 구호대 지원하려 해…….'
아내는 몇 분간 말이 없었다. 아마 2014년 10월말 주말 저녁 즈음이었던 것 같다. 정식 모집 공고가 나기 전부터 파견이 이루어질 것이라는 것은 이미 알고 있었다. 10월초 상관으로부터 정부의 동향을 전해들을 수 있었고, 구호대에 군 의료진도 포함될 것이라는 소식을 들었다. 이후 이어진 3개 정부 부처 회의에 국방부측 실무자로 참여하게 되면서 자세한 정보를 확인할 수 있었다. 개인적으로 생물학전/테러에 대한 군의 대응태세에 관심을 가져왔기에 이번 파견이 많은 도움이 될 것이라고 판단했었다. 그러나 사실 처음부터 지원하려는 마음이 확고했던 것은 아니었다.
결심에 있어 감염에 대한 공포, 사망에 대한 두려움, 남편·가장·자식으로서의 책임감 등이 앞섰지만, 가장 큰 걸림돌은 최초의 감염병 재난 파견이라 어느 누구도 위기 상황에 대한 해법을 가지고 있지 않았다는 것이다. 즉 '활동 중에 감염된다면 과연 국가가 나에게 최고의 치료를 받게 해줄 수 있을까?'라는 물음에 확실한 답을 해줄 수 있는 사람이 아무도 없었다. 그리고 회의에서 접할 수 있었던 부처 간 미묘한 알력 겨루기도 한 몫을 했다.
그러나 보잘 것 없던 흙이 도공의 손과 물레를 거치면서 아름다운 도자기로 태어나듯 다소 혼란스러운 상황 속에서 차근차근 파견 준비가 이루어져 갔고, 여러 가지 위기상황에 대한 계획들이 내실 있게 짜이는 것을 보면서 신뢰감이 들기 시작했다. 이러한 신뢰는 파병에 대한 용기를 북돋아 주었고, 가족들에게 나의 뜻과 의지에 대해 말할 수 있게 되었다.

아내는 깊은 한숨을 쉬면서 당장 대답을 하지 못했다. 보살핌이 절실한 사람들을 도와주러 가는 것이 가치 있는 일이라는 것에는 같은 생각이었지만, 바로 자신의 남편이 위험한 곳으로 파병을 간다는 것에 대해서는 쉽게 동의하지 못했다. 안전사항을 철저하게 지키겠다고 맹세하고 정부의 계획들을 소상히 소개하면서 계속적으로 설득을 하였다. 그런 모습이 불안감과 걱정의 일부를 덜어주었는지 아내는 결국 나의 편에 서게 되었다. 그런데 산 넘어 산이라더니 모친께서는 정말 강력히 반대를 하셨다. 지원하게 되면 식음 전폐하시겠다는 말씀에 결심이 약간 흔들리기는 했지만 '자식 이기는 부모 없다'라는 말이 있지 않은가? 마침내 지원서를 제출하였고 군 의료진으로 선발되었다.

다이아몬드, 철광 등 천혜의 자원을 가지고 있으나 잦은 쿠데타, 내전을 겪으면서 사회 기반이 무너져 아프리카 최빈국 중 하나가 되어버린 시에라리온. 에볼라의 위험과 공포 속에 아수라장일 것으로 예상했던 바와는 달리 오히려 평온해보였다. 흙이나 양철로 지은 집, 흙먼지가 풀풀 날리는 비포장 도로, 벌거벗은 채 길가에서 뛰놀고 있는 아이들, 개울에서 빨래하고 있는 아낙네들······.

치료소 인근 숙소에 여장을 풀었고 5주간의 활동을 본격적으로 시작하게 되었다. 첫 2일 동안 개인 보호 장비 입고 벗기를 5회 연습했고, 평가가 끝나자마자 바로 고위험지역에 들어갔다. 에볼라 환자의 체액에 직접 접촉하지 않으면 안전하다는 생각은 하고 있었지만 막상 환자가 있는 고위험지역에 들어가려니 무척 긴장되고 떨렸던 것 같다. 하지만 인간은 적응의 동물이라고 했던가? 파견이 끝날 때 즈음에는 보호의가 마치 일상복처럼(?) 편하게 느껴졌고 고위험지역도 마치 내 집 거실인 양 휘졌고(?) 다니게 되었다.

처음에는 동맥혈 검사, 채혈, 정맥주사, 차트복사 등 단순한 진료보조 업무만 하게 되었다. 그 이상의 의학적 결정이나 판단에 한국 의료진이 개입할 여지가 없었다. 이머젼시[1] 의료진은 이 지역에서의 오랜 활동으로 터줏대감 정도의 위치를 가지고 있었고, 타 에볼라 치료소와는 달리 유일하게 중환자 치료를 제공한다는 자부심으로 똘똘 뭉쳐있었다. 그들은 우리 의료진들의 수준이 어느 정도인지 관심조차 없는 것 같았다. 답답하였지만 일단 시키는 대로 하면서 상황 파악을 하기 시작하였다.

2주차까지는 자의반 타의반으로 피동적으로 지냈다. 그러면서 에볼라 환자들의 임상 경과가 서서히 눈에 들어오고 에볼라 치료소의 시스템을 겪어보면서 조금씩 능동적으로 행동하기 시작했다. 치료소 병원장인 지나와 함께 회진을 자주 돌며 환자를 적극적으로 보고 진료에 대한 의견을 점차 내놓자, 이머젼시 의료진들도 점차 우리 의료진의 목소리에 귀를 기울이기 시작하였다.

우리 의료진의 의견이 언어, 각 나라의 의학적 수준의 차이, 개인적인 견해 등으로 전부 수용되었던 것은 아니었지만 적어도 전문가로서 인정받고 있다는 기분은 더욱 더 일할 맛을 나게 했다. 우리 치료소에서 최초였던 4세, 7세 소아 환자의 극적인 회복 및

---

[1] 프리타운(시에라리온 수도)의 가더리치 지역 에볼라 치료소를 위탁 운영하는 비정부기구(NGO Emergency)

퇴원, 인공호흡기에 인공 혈액투석기까지 달고 있어 모두 사망할 것이라고 생각했던 17세 환자의 회복 등 여러 가지 기적과 희망을 보았고 보람을 느꼈다.

국가 전체 감염자 수는 점차 줄어들고 있었지만, 이머전시는 다른 치료소로부터 중환자 치료가 필요한 환자들을 적극적으로 전원받기 시작하여 입원 환자는 지속적으로 있었다. 특히 4주차 무렵 에버딘 항구 지역의 집단 유행으로 하루에 3~4명의 환자들이 입원하기 시작하였다. 갑작스러운 증가에 의사들도 힘들었지만 손이 많이 가는 중환자들이 대부분이어서 직접 간호를 해야 하는 간호사들이 가장 힘들었다. 이틀에 한번씩 12시간 이상의 강도 높은 밤 근무로 지친 모습을 볼 때마다 많이 안쓰러웠다. 또 설 연휴도 겹쳐서 향수병도 일조를 한 것 같다.

긴장감과 육체적인 피로도 문제였지만 며칠 동안 온 의료진이 매달린 환자가 결국 사망하거나, 모든 가족들이 죽고 혼자 투병하다 쓸쓸하게 죽어가는 환자를 볼 때 무기력과 허탈함을 느꼈다. 그럴 때마다 대원들끼리 모여 허심탄회하게 이야기를 했고 맛있는 한국 음식을 준비하여 같이 먹으면서 피로와 스트레스를 풀 수 있었던 것 같다. 그렇게 울고 웃으며 환자들을 보았고, 어느덧 3진이 도착하고 인수인계를 시작하면서 떠날 때가 점점 다가왔다. 이머전시 의료진들은 우리 2진이 곧 떠난다는 소식에 많은 아쉬움을 보였다. 마지막 주에 같이 근무했던 세르비아 간호사가 에볼라에 감염되는 사고가 있어서 안타깝고 혼란스러웠지만 결국 임무 종료일은 다가왔고 무사히 귀국하게 되었다.

큰 결심을 하고 떠난 여정이었다. 구호대 파견에서 얻은 것 중 가장 큰 것은 '자신감'이었던 것 같다. 의료자원이 부족하고 척박한 상황에서 감염병의 유행을 저지하려는 여러 국가들의 노력을 보았고 환자를 치료하는 현장의 생생한 경험을 체득하였다. 배운 점도 많았고 '타산지석'으로 삼아야 할 점도 있었다. 이런 경험의 축적을 통해 국내에서 대규모 감염병 유행이나 생물테러/생물학전이 발생했을 경우 우리나라의 의료수준이면 충분히 대응할 수 있겠다는 자신감을 얻었다(물론 대응체계를 구체화하려면 많은 고민, 예산, 인력들이 필요하겠지만).

그리고 이번 임무가 성공적으로 종료될 수 있었던 것은 더할 나위 없었던 '동료(전우)애' 때문에 가능했다고 본다. 현장에서 많은 스트레스와 피로가 쌓였고 자칫하면 사고로도 이어질 수 있는 가능성이 다분했다고 본다. 하지만 우리는 건강하게 귀국했다. 각자 안전수칙을 철저히 지키는 와중에, 같이 파견된 민간 의료진은 원숙한 의학적 지식과 노련미로 팀을 이끌어 주었고, 우리 군 의료진 사이에서도 상하관계보다는 의료 전문가로서 상호 존중하는 분위기가 형성되었다. 소규모의 인원이어서 가능했기도 하겠지만 일방적인 지시나 명령보다는 대화를 통한 소통이 원활히 이루어졌다. 이런 점이 극심한 스트레스와 피로를 해소해준 '환기(Ventilation)의 시간'이 되었고 다음날의 격무를 안전하고도 열심히 할 수 있게 했던 원동력이었던 것 같다.

해묵은 소감을 정리하면서 다시 감사를 전하고 싶은 분들이 생각난다. 해외파병 경력이 일천한 팀장이지만 묵묵히 따라와 주었고 민간 의료진과 조화롭게 지낸 우리 SAVE(Save Africa Vitalize Earth, 2진팀 구호) 팀원들, 딱딱한 군인들을 넓은 아량과 이해심으로 받아들여 준 민간 팀원 분들, 주무 부서에서 무려 3명이나 파병을 가게 되어 업무상 어려움이 많았는데도 아낌없이 격려해

주셨던 현 국군의무사령관님, 귀중한 파병의 기회를 주시고 짧은 파병기간에 비해 많은 인센티브를 마련해주셨던 합참 및 국방부 관계자 분들, 구호대의 안전을 위해 각고의 노력을 해주셨던 질병관리본부, 보건복지부, 외교부 관계자 분들, 관찰기간 동안 휴식 및 회복에 집중할 수 있도록 좋은 여건을 마련해주셨던 국립인천공항검역소 관계자분들에게 깊은 감사의 말씀을 전하고 싶다.

마지막으로 어떻게 보면 무책임한(?) 남편의 결심을 잘 이해해주고 지지해줬던 아내에게 진심으로 감사하고 사랑한다는 말을 다시 전하고 싶다. 그리고 아빠를 2개월 동안 보지 못하는 상황을 잘 견디어 줬던 아들 녀석들도 한없이 고맙다.

Herb Garden

아버지께

아버지! 어느새 환갑이 되셨군요.
참 세월이 빠른 것 같습니다. 추운 겨울날
저희 사남매가 탄 썰매를 끌어주시던 넓은 등, 목욕탕에서
제 등을 밀어주시던 억센 손길, 저녁무렵 책을 끼고 가득
자전거 걸칸에 싣고 힘차게 페달로 밟으시면서 귀가
하시던 모습 등 아직 젊은 날의 아버지의 짐찮던
모습은 이젠 한 추억이 되어 저희 4남매의 머리를
스쳐갑니다. 지금은 많이 늙으신것이 안타까워
저희들이 불효를 한건 아닌가 적은으로만 마음있니다.
아버지! 결혼하시고 30여년간 가족들을 위해
헌신하셨던 아버지가 계셨기에 저희 4남매가
남부끄럽지 않게 자랄수있었습니다. 이제는 장성한
저희들이 아버지께 사랑과 효도로서 그 은혜를 갚고
싶습니다. 남들 하시는 것처럼 여행도 많이 다니시고 맛난
것도 많이 드세요. 저희가 다 해드리겠습니다.
우선 건강하시고 아프시지 말길 바랍니다. 오래 사셔서
증손까지 보셔야죠. 멀리 떨어져 있는 막내 아들
인각하 항상 아버지, 어머니 건강이
염려됩니다. 오래 사셔야 저희들이
그동안 받은 은혜를 다 갚을수
있을거예요. 만수무강하시길
바랍니다. 아버지
사랑합니다.

막내아들 특립

Aroma

our love will be
Evergreen through all the years

소중한 남편, 감사한 하루

이순민

2014년 아프리카에는 에볼라 바이러스가 창궐했다. 에볼라는 급성감염을 일으키는 바이러스로, 사람에게 감염되면 발열, 두통, 근육통 발생 및 전신성 출혈을 일으키며 사망에 이르게 한다. 감염 시 사망률이 60%나 되고 실제로도 짧은 시간 동안 만 명이 넘는 사람들이 죽었으니 정말 에볼라는 영화 속에서 나올 법한 무시무시한 그런 질병이 아닐 수 없다. 매일 뉴스에서는 몇 명이 감염되었네 또 몇 명이 죽었다고 하며 질병의 무서움을 전달했고 그럴 때면 무섭고 두렵기도 했지만 그래도 다행인 것은 그 참담한 질병이 "아프리카"에서 전염된다는 것이었고, 그 아프리카는 우리 집에서는 아주 멀다는 사실이었다.

그런데 어느 날 갑자기 남편이 바로 그 두렵고 무서운 곳 한 가운데로 파병을 가게 되었다. 어쩌면 좋으냐며 혀를 쯧쯧 차던 그곳으로, 하루에도 수십 명이 죽어나가는 참담한 곳으로, 그 곳 언저리도 아닌 가장 심각했던 중심부 시에라리온으로 간다고 하니 머릿속이 하얗게 되어 아무런 생각도 나지 않았다. 매일을 죽음과 싸워야 하는 그곳으로 남편을 보내려고 하니, 그제서야 가족의 소중함이 얼마나 큰지, 남편이 우리 가정에서 얼마나 큰 기둥 같은 사람이었는지 느끼게 되었다. 하루하루가 간절함이었고, 소중한 시간이었다.

남편이 파병을 간 동안 매일 편지를 썼다. 아무 일 없이 무사히 돌아오기를 간절히 바라는 마음으로 먼 곳이지만 이곳의 응원과 기도가 힘이 되기를 바라는 마음으로 썼던 편지들이다. 지금 읽어 봐도 그 때의 마음이 떠올라 코끝이 시큰해진다.

　다들 다 아는 결론이지만 파병을 갔던 남편은 감사하게도 시에라리온에서 건강하게 돌아왔고, 우리 가족도 일상으로 돌아왔다. 매 순간이 구구절절 애틋하던 그 편지만 같으면 좋겠지만 현실은 안타깝게도 서로가 서로를 이해하지 못해 서운하고 속상해한다. 그럴 때면 간절했던 그 때의 편지를 꺼내어 본다. 아무런 이유가 없다. 그냥 나의 사랑하는 남편이기에 소중하고 감사한 마음으로 사랑하며 살겠다고 다시 한 번 생각해본다. 건강한 몸으로 가족들과 함께 숨 쉬고 있는 이 순간이 언제나 최고의 순간이 되기를 기대해 본다.

2015. 01. 10. 토요일

오지 말았으면 했던 날이 오고, 결국은 당신을 보내고, 참았던 눈물을 쏟아냈어. 잘 다녀올 거라고 믿고 있지만 그래도 마음 한 구석에 있는 불안함을 어쩔 수가 없네.

　밤에 아이들과 누웠는데, 준혁이가 물어보더라. 아빠는 부산에 도착했냐고. 응. 아직 비행기 타고 있어. 했더니, 엄마, 부산이 뭐가 그렇게 멀어…… 하는 거야. 그래서 절반은 사실대로 아빠는 영국에 갔다가 부산에 가는데 영국나라가 너무 멀다고 이야기해 줬어. 표현은 안 해도 너무 멀리 가는 아빠가 많이 걱정되는 것 같

더라.

이제 시작이다. 당신이 속한 SAVE 팀도, 그 곳에서 맡겨진 일을 감당할 당신도, 그리고 이곳에서 아이들 잘 건사해야 할 나도, 아빠 없이 10주를 보내야 하는 아이들도, 당신을 생각하며 기도할 가족들도 모두 힘내자. 기도할게…….

2015.02.03. 화요일

생일 축하합니다~ 생일 축하합니다~ 사랑하는 우리 신랑~ 생일 축하합니다~~!

여보, 생일 축하해^^. 서른여섯 번째 생일을 아프리카 시에라리온에서 맞이할 줄 꿈에서도  생각 못해봤는데, 내일 일도 알 수 없는 것이 우리 삶이라는 걸 새삼 느낀다. 그 곳에서 생일을 맞은 당신은 지금 어떻게 지내고 있는지 궁금하고 또 보고 싶어. 그래도 팀원 분들께서 생일상도 차려주시고 참 감사하네~. 나중에 한국에 돌아와서도 소중한 인연 잘 이어 갔으면 좋겠다. 아이들은 당신 사진보고 아빠 생일인데 이렇게 먹냐고 걱정하네. 케이크도 없고 치킨도 없고 과자도 없는 조촐한 생일상이 안쓰러운가 보다. 우리 준혁이가……^^.

2015.02.04. 수요일

당신이 보내준 생일날의 사진을 시댁 식구들과 만든 단체 카톡방에 올렸어. 다들 좋아하시네. 어머니는 아들 생일 날 미역국도 못 먹고 고생할 아들 생각에 눈물지으셨다는데, 그래도 사진 보니 마음이 놓이신다고 하시네. 홍미 형님도 우리 동생 고생이 많다며 그래도 사진 보니 좋다고 하시고, 큰 형, 큰 형님도 당신 잘 돌아올 때까지 기도하고 있다고 하시고, 선미 형님도 응원하시고. 아무튼 식구들의 응원이 큰 힘이 되네. 그 마음들이 당신에게도 전달 되고 있겠지?

2015.02.15. 일요일

명절에 아이들을 데리고 대전 집에 가야 할지, 말아야 할지 고민이야. 갈 수 있을 것도 같고, 갈 수 없을 것도 같고…. ㅜㅜ 기차표를 구하지 못해 대기 걸어 두긴 했는데 차표가 구해지려나? 괜히 가다가 사람 많은 곳에서 아이들 잃어버리지는 않을지 무서운 생각도 들고. 그래도 일 년에 딱 두 번뿐인 명절이고 어머니도 외로우실 텐데, 대전 집에도 내려가고 싶기도 하고…….

막…, 고민하고 있는데 어머니 문자가 오네.

"에미야 잘 보내고 있니? 아기들 카톡 사진이 넘 귀엽구나. 너도 혼자서 고생 많으리라 안다. 명절이 돌아와도 너희들 생각만 나는구나. 이제 일주일 남았구나. 시간이 빨리 갔음 좋겠다. 잘 있다 올 것이다. 걱정은 하지 말자. 나도 작은 딸네서 아주 살고 있다. 주말에만 엄마 집에 온단다. 힘은 들지만 보람도 있단다. 건강히 잘 보내다가 아들 오면 내려오너라. 마음 걸리는 내 자식들아, 행복하길 바란다."

내가 말이지, 시집은 참 잘 간 것 같아^^. 내 생각보다 한 발 앞서 우리를 생각해주셔. 어머니 보고 싶다. 걱정 말아라, 잘 다녀올 것이다, 라고 말씀하시지만, 어머니 속마음은 어떨는지, 내가 아이들을 키워보니까 조금은 알 것 같더라. 만약에 준혁이, 준성이가 당신처럼 갔으면 어땠을까 생각하면 정말 사는 게 사는 것 같지 않을 것 같단 말이지…. 당신! 어머니께 잘해!

2015.02.23. 월요일

월요일마다 출근은 해 있는데 일이 손에 잘 안 잡히네^^. 그래도 오늘은 즐거운 설렘으로 일이 잘 안 된다. 조금 후면 당신이 잘 도착했다며 전화를 하겠지?^^.

이젠 멀리 떨어져 있기에 느껴지는 거리감이 아니라 같은 하늘, 같은 공기, 같은 나라 안에서 느껴지는 기분 좋은 느낌일 것 같아. 자랑스러운 우리 남편, 그 동안 정말 고생 많았어. 일진이 일상에 복귀한 후라 뉴스에 긴급 구호대 이야기가 많이 나와. 아침에 관련 기사들 쭉 읽어보는데, 우리 남편 정말 자랑스럽고, 고생 많았겠다 싶더라. 이젠 일상으로 돌아간 일진 분들이 부럽기도 하고, 우리도 조금만 더 기다리면 만날 수 있겠다는 생각에 힘이 나기도 하고. 정말 수고 많았어^^.

드디어 잘 도착했다는 당신의 전화를 받았어! 도착한다는 시간이 되어도 연락이 안 되어서 살짝 걱정하고 있던 차에 당신 전화를 받을 수 있어서 다행이야. 어머니도 나도 마냥 신바람이 난다^^. 오늘은 우리 가족 모두 두 다리 뻗고 푹 잘 수 있겠다.

1월 10일 길고 길었던 여정을 시작했던 당신. 그렇게 길게만 느껴지던 그 시간들도 이제는 또 하나의 추억이 되겠지? 고생 많았어. 우리 조금만 더 견뎌서 3월에 만나^^.

잘 돌아와 주어 고맙고, 또 감사하다~.

엄마 손을 꿈꾸며

이순민

2008년 5월 화사한 봄날 결혼을 했고, 올해로 10주년이 되었습니다. 남편과 저, 둘이서 시작한 우리 가족은 멋진 준혁이 귀여운 준성이 사랑스러운 준기가 태어나며 다섯이 되었고, 저는 10년 경력의 주부가 되었습니다. 중고등학교 시절 자매처럼 친했던 삼총사의 수다 주제 중 하나는 결혼에 대한 것이었습니다. 어떤 친구는 독신으로 살겠다고 큰소리쳤고-제일 먼저 결혼해서 아이 낳고 잘 살고 있는 혜정이-, 또 다른 친구는 아이는 넷을 낳아 키우겠다고 -정말로 남자아이 넷을 낳아 잘 키우고 있는 은혜- 했지요.

그런 이야기할 때면 저는 "김이 모락모락 피어나는 따뜻한 밥에 된장찌개 보글보글 끓여놓고 아이들과 남편을 기다리는 현모양처"가 될 것이라고 했습니다. 그리고 20년 시간이 지났습니다. 지금의 저는 어떤 모습일까요. 적어도 다른 사람들에게는 직장생활 하면서도 아이들을 예쁘게 잘 키우는 것처럼 그렇게 보이나 봅니다. 그리고 얼마 전까지만 해도 저도 그런 줄 착각하고 살고 있었던 것 같습니다. 말 그대로 그런 것처럼 살았는데 정말 그렇게 산다고 생각했던 것 같습니다.

2018년 1월에 준기가 태어났습니다. 바라만 보아도 눈에 꿀이 떨어지는 사랑스러운 준기, 그리고 아빠 엄마의 부족한 손길에도 초등학교 생활을 멋지게 하고 있는 큰 아이 준혁이, 이제는 막내 자리를 동생에게 내어주어야 하는 귀염둥이 둘째 준성이에게 그

동안 주지 못했던 사랑을 넘치도록 쏟아 부어 주리라고 다짐하며 남편과 함께 육아휴직을 신청하였습니다. 꿈꾸던 현모양처를 실현시킬 수 있는 기회가 드디어 저에게 온 것이지요. 하지만 현실은 제 의지와 상상하던 모습과는 달랐습니다.

아이들이 원하는 것은 넘치도록 쏟아 부어지는 사랑보다도 하루 세 끼 맛있는 식사와 간식들이었습니다. 부끄럽지만 고백하건대 저는 음식을 해본 적이 많지 않습니다. 그 동안 양쪽 부모님 도움 받으며 지냈기에 당연히 할 줄 아는 것도 거의 없는 저는 식사를 차리는 것이 무슨 전쟁을 치르는 것처럼 큰일이었습니다. 아침에 눈 뜨면서부터 자기 전까지 때로는 새벽에도 싱크대 앞에 섰습니다. 정말 최선을 다했는데도 밥상은 항상 허전했고, 분명히 레시피대로 했는데도 음식의 맛이 무엇인가 부족했습니다. 그럴 때면 우울해졌고, '뭐 먹지?'라는 질문이 하루 종일 머릿속을 뱅글뱅글 돌며 마음의 짐이 되었습니다.

아이들이 감기에 걸려도, 살 빠지는 것 같다는 지나가는 한 마디에도 모든 것이 저 때문인 것만 같아 속상했습니다. 지난 10년간 어려움 없었던 먹거리가 이렇게 큰마음의 짐이 될 줄은 몰랐습니다. 아침, 점심, 저녁 너무 당연하게 먹었던 세 끼의 식사가 이렇게 어려운 일인지 처음으로 알게 되었습니다. 밥 하다가 우울감이 찾아올 줄은 정말 꿈에도 몰랐습니다.

육아휴직 6개월 차인 지금 10년간 멀쩡하던 제 손이 거칠어졌습니다. 제 손은 원래 잘 안 상한다고 생각했었습니다. 고운 손 하나는 타고났다고 생각하며 고무장갑도 잘 끼지 않았는데, 타고 난 것이 아니라 다른 누군가가 제 대신 손이 거칠어진 것이었습니다. 그 손으로 어떻게 일을 하려나 하시던 친정엄마의 말씀이 무슨 뜻

인지 이제서야 알 것 같습니다. 그 딸이 안쓰러워 그 모든 것을 대신해 주셨나 봅니다.

"엄마, 엄마는 우리 셋을 어떻게 키웠어? 나는 세탁기가 다해주는 빨래를 엄마는 매일 천 기저귀까지 손빨래하고, 나는 뭐 해먹나 고민하느라 하루가 다 가는데 엄마는 하루에도 도시락을 몇 개씩 어떻게 싸면서 살았는지 몰라. 나는 이렇게 도움을 받아도 힘이 드는데."

얼마 전에 제가 친정 엄마께 했던 말입니다. 제 말에 엄마께서는 지난 세월이 스쳐 가는지 아니면 이제서야 막내딸이 철들었나 싶으신지 그 때는 힘든 줄도 모르고 그렇게 살았다며 말없이 웃으십니다. 직접 해보니 알겠습니다. 나의 엄마가 나의 어머니가 얼마나 큰 사랑으로 큰 인내로 우리를 키우셨을지. 해보지 않고 알았으면 더 좋았을 텐데, 감사하다고 더 많이 말했을 텐데, 부끄럽게도 이제서야 알게 되었습니다. 그래도 참 감사합니다. 왠지 제가 이제서야 진짜 엄마가 된 것 같습니다. 그리고 이제서야 조금은 엄마의 마음을 공감하고 이해할 수 있을 것 같습니다.

남편이 아이들에게 자주 하는 농담이 있습니다. 세상에서 가장 무서운 과자의 이름은? 세상에서 가장 무서운 국은? 정답을 아시나요? 정답은 바로 "엄마 손 파이"와 "할머니 뼈 해장국" 이랍니다. 남편이 농담 한 마디 하면 아이들과 아이들 친구들은 깔깔거리며 한바탕 웃습니다. 정말 재미있는 농담이지요. 그런데 어쩌면 이 농담이 진실일 수도 있다는 생각이 듭니다. 세상에서 가장 무서운 힘을 가진 음식이 정말 "엄마 손 파이"가 맞을지도 모른다는 것입니다.

우리 어머니도 작고 고운 손을 갖고 계십니다. 그 작은 손으로

4남매를 키우시고 지금도 시시때때로 필요한 것들을 채워 주시며 돌봐주십니다. 가녀리지만 든든한 어머니가 계시기에 서투르고 부족한 저희들이 이렇게 살아가고 있는 것 같습니다. 그 작은 손에서 나오는 힘이 바로 엄마 손의 파워가 아닐까 생각해 봅니다. 감사합니다. 그리고 언제나 받기만 해서 죄송합니다. 어머니도 서툴고 힘이 드셨을 텐데 엄마이기에 모든 것을 감사함으로 느끼며 사셨을 것입니다.

어머니 댁에서 집에 올 때면 언제나 한 가득 먹을거리를 챙겨 주십니다. 보리, 찹쌀, 콩 같은 잡곡들, 감자, 고구마 같은 제철 야채들, 말린 나물, 말린 버섯, 된장, 고추장, 김치, 반찬들……. 다 헤아릴 수도 없습니다. 받은 사랑을 저도 아이들에게 주어야 할 텐데 반의 반, 그 반의 반이라도 할 수 있을지 자신이 없습니다. 그래도 조금은 닮아 보려고 노력하고 싶습니다. 아직은 미완성이지만 조금씩 노력하다 보면 점점 닮아가리라 기대해 봅니다.

I like rainy day. It began to sprinkle with rain. It is threatening to rain.

어머님께 …

어머님!!
마음은 언제나 효도하고푼데, 현실은 언제나 어머님 사랑과 보살핌을 받기만 하는 막내들이예요.
너무너무 보고싶은 아버님.. 어머님…
감사하고 또 감사한 마음, 어머님 가슴에 카네이션이라도 달아드리며 표현해야 하는데, 그러지 못해서 너무 죄송해요.
어머님~ 신랑이 조금 여유로워지면 가장 먼저 어머님 뵈러 갈게요~ 어머님 꼭 안고 찍은 사진처럼 신랑 언제나 우리엄마, 우리엄마.. 부르면서 사랑도하고 걱정도하고 기도도 하고 있어요.
병원에서 아기 낳는 모습 보고 온 날이면
"우리엄마, 나남매 낳으시느라 얼마나 고생하셨을까..
우리엄마, 무릎아프셔서 어쩌지..
우리엄마.. 보고싶다.." 이렇게 얘기하곤 해요..
우리 어머니~ 너무너무 사랑하는 저희들 있으니 항상 건강하셔야해요!!

슈퍼 할머와의 추억 할머니는 우리를 도와주신다. 내가 키즈파크에 가고 싶을 때 언제든지 키즈파크에 데려가 주시고, 맛있는 밥상, 건강한 밥상을 차려주신다. 할머니, 사랑합니다.

9살 오준혁

채옥할머니(시)

바람이온다산외요

다 한할머니가있다

꽃을본 다

7살 오준성

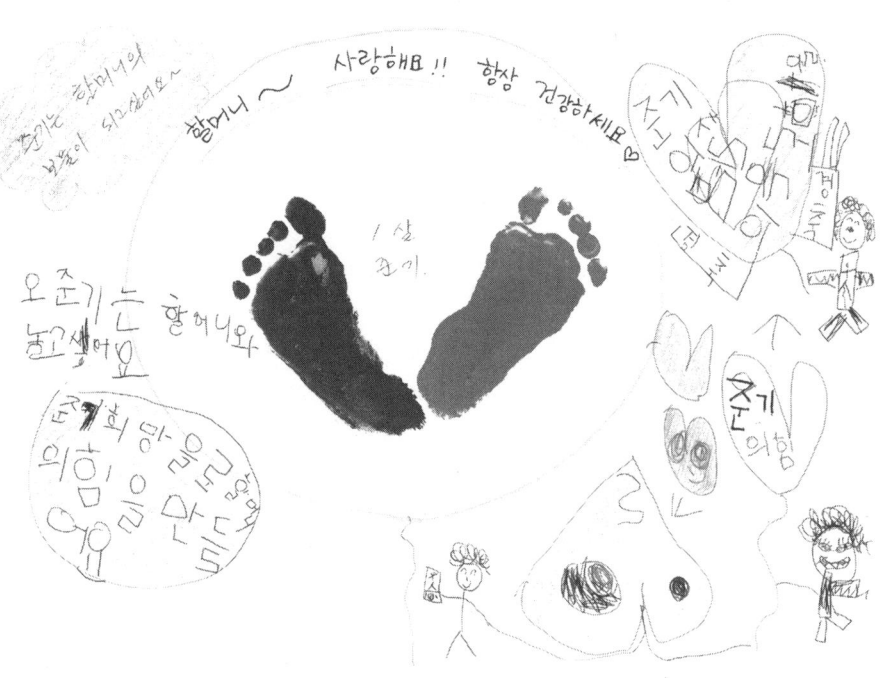

| 최성자 1시집 해설 |

삶의 진정성과 정서의 오롯함
- 최성자 첫 시집 작품을 감상하며 -

문학평론가 리 헌 석
(사) 문학사랑협의회 이사장

1.

〈그대는 어느 곳에서/ 목련꽃/ 하얀 옥양목 차림으로 오시려는가?/ 하얀 눈꽃으로 오시려는가?〉 작고한 부군(夫君)을 잊지 못하여 애절하게 부르는 최성자 시인의 사부가(思夫歌)에서 가슴 먹먹한 감동을 공유한 바 있습니다.

그의 애상(哀傷)은 삶의 켠켠에 대한 서술과 묘사에 의하여 드러나는데, 작품「손가락을 베다」에서도 안타까운 정서를 환기합니다. 그는 주방에서 파를 썰다가 손가락을 벱니다. 그 때, 〈붉은 피가 뜨겁다.〉는 놀라운 정황을 찾아내어 주관 속의 객관적 시각을 담보합니다. 〈휴지로 닦는다./ 빨간 휴지에 장미꽃이 피었다./ 장미 꽃잎이 누워 있다.〉며 혈흔(血痕)의 시각적 이미지를 작품에 담습니다. 특히 장미꽃을 통하여 〈포개면 따스하던 그 입술〉을 연상하고, 〈"얼마나 아플까?"〉 걱정하였을 부군의 따스한 사랑을 되새기는데, 부군의 부재로 인한 안타까운 정서가 작품으로 재현됩니다.

이렇듯이 최성자 시인의 작품들은 대부분 부군의 부재(不在)와 연관되어 있습니다. 동행할 때의 아름답던 추억도 그러하고, 이별 현장의 눈물겨운 상황도 그러하며, 혼자 자녀들을 양육하며 느꼈던 희로애락(喜怒哀樂) 역시 동질성을 띱니다.

내겐 혼자서만 간직한 비밀이 있어요.

나만을 사랑한다는 당신의 그 말. 산골짜기 돌아 흐르는 골 물소리처럼 감미로웠지요. 이 세상 다할 때까지 나를 지켜주겠다는 그 약속. 세상을 다 가진 것만큼 행복했었지요.

하지만, 이 험한 세상에 나 혼자만 던져놓고 당신이 먼 길 떠났을 때, 아름답던 그 약속은 공허한 거짓말이 되어 당신이 원망스러웠어요. 당신과 함께 보던 해와 달, 다정하게 속삭여주던 밤하늘의 별들도 내게는 한없는 어둠이 되고 말았지요.

그러던 어느 날부터인가 때때로 혼자 있을 때, 물이 되어, 바람이 되어, 한없이 너른 하늘이 되어, 당신이 내 곁에 있다는 걸 느낍니다. 생전에 나누던 당신의 거짓말은 아름다운 진실이 되어, 가시밭길 낭떠러지 길에도 두려움이 없습니다.

나는 당신의 아름다운 거짓말이 행복합니다.
— 「아름다운 거짓말」 전문

최성자 시인의 시집 제목이기도 한 이 작품은 시인의 내면을 자연스럽게 그려냅니다. 100편의 작품을 모아 편집한 시집의 몇몇 산문시에 자신의 내면을 진정성 있게 노래합니다. 이 세상 다할 때까지 자신을 지켜주겠다는 부군의 약속은 감미롭고 행복하였지만, 그의 별세로 인하여 〈다정하게 속삭여주던 밤하늘의 별들도 내게는 한없는 어둠이 되고 말았지요.〉라는 최성자 시인의 '절망적 나락'이 파생

됩니다.
 그러나 어두웠던 밤이 지나면 밝은 해가 솟듯이 절망은 삶의 여러 요소들에 의하여 점차 옅어지게 마련입니다. 매일 울어야 했던 그리움의 주기가 점차 길어지면서, 일상의 희로애락이 그 자리를 메웁니다. 친구를 만나기도 하며, 자녀들의 성장을 지켜보면서 보람을 찾기도 하고, 때로는 손주들의 재롱에 아픈 세월을 잊기도 합니다. 이런 생활 속에서 크고 작은 정서적 충격을 작품에 투영합니다.

2.
 최성자 시인은 충청북도 청주시 문의면에서 출생하고 성장합니다. 농촌과 산촌의 중간지대에서 소박하게 살던 시인에게, 중학교 1학년 14살 때 운명적 아픔이 다가옵니다. 남동생 최종영은 수필 「현모양처」에서 〈누님은 어린 나이에 장기간 투병하시던 어머님을 여의시고, 또 어린 동생을 잃는 아픔과 기울어져 가는 가세, 어려운 환경 속에서도 공부하고 싶다고 하여 7살에 조기 입학할 정도로 똑똑하였는데, 남은 4남매의 뒷바라지와 엄마 역할을 하시느라, 하고 싶은 공부도 못하시고, 가족을 위해 희생하신 우리 누님〉이라고 기록하고 있습니다.
 최성자 시인은 고희(古稀, 70세)를 맞아 이렇게 회고합니다. 〈꽃잎 여린 봄날/ 눈부시게 스쳐갔을 바람에/ 새처럼 날아간 긴 이야기// 기억 속에 살아있어/ 우주의 별들이 생성으로 남았을/ 억겁의 세월이 산처럼 겹겹이 쌓여// 사연이 가슴으로 스며든/ 아주 오랜 시절이 빗물로 흐른들/ 그 누가 눈물인 줄이나 알랴!〉 이 작품의 1연은 청소년기의 꿈이 새처럼 날아간 아픔을 그린 것이고, 2연은 시인의 가슴에 수많은 별(꿈)을 생성하였다는 것이며, 3연은 그러한 과정에서 많이 울어야 했다는 진정어린 고백입니다. 그의 '긴 이야기'는 일생동안 가감되어 정제되고, 고희에 이르러 사향(思鄕)의 정서가 더욱 새롭습니다.

> 노루실 마을 잠든 대청호에서
> 어린 시절 기억이
> 물결로 일렁인다.
>
> 엄마를 잃은 노루새끼는
> 엄마를 수없이 부르면서
> 양성산의 메아리를
> 자장가로 듣고 잠이 들었다네.
>
> 따스한 온기를 못 잊고
> 엄마 젖꼭지만 더듬는 슬픈 눈망울
> 사남매의 간절함이 가슴에 저렸네.
>
> 지난 세월은 어제 일만 같은데
> 서러움에 찼던 그 시절.
> 그리움을 호수에 묻는다.
>
> ―「대청호에서」 전문

시인의 고향 마을 '노루실'은 대청호에 잠기었습니다. 그 실향의 기억은 수십 년이 지나도 또렷하게 살아남아 출렁이는 대청호 물결과 오버랩이 됩니다. 2연의 '엄마를 잃은 노루새끼'는 어릴 때 어머니를 여윈 시인의 보조관념일 터이며, 엄마를 애타게 부르는 소리가 메아리처럼 그치지 않고 들려오는 환청 속에서 잠이 들던 자신의 대유적 형상화입니다. 특히 〈따스한 온기를 못 잊고/ 엄마 젖꼭지만 더듬는 슬픈 눈망울〉은 시인의 형제자매(4남매)들도 같은 정서를 유발할

터입니다. 어머니를 여읜 슬픔, 고향마저 수몰되어 찾아갈 수 없는 사람들은 고향이라는 단어가 더욱 서럽고 그립게 마련입니다.

산새 울고 날던
외진 산자락 길

날 반기는 목소리
들릴 듯한데

산기슭 더듬는 바람만
뺨에 스친다.

귓가에 맴돌다 사라지는
가신 분들의 육성

그리움만 서리서리
가슴에 묻는다.

— 「성묘길」 전문

고향이 물속에 잠기자, 실향민(失鄕民)들은 고향 언저리에 선산(先山)을 정하고 조상의 산소를 모십니다. 명절, 생신, 제삿날, 그리고 문득 그리운 날에 후손들은 선산을 찾아 성묘합니다. 그 곳에서 오랫동안 농사를 짓지 않고 버려두어 거칠어진 「묵정밭」도 만납니다. 〈산비탈 황토밭은 경계선도 허물어지고/ 까치는 여전히 푸드득거리며 날개를 터는데/ 무성한 칡넝쿨만 뒤덮인 채 누워 있다.〉고 묘사합니다. 시인은 그 곳에서 〈얼어붙은 새벽 풀뿌리 잡고 씨름하며/ 고단한 육신, 화전밭 일구어낸 아버지 굳은살/ 남루한 식솔들의 생이 그 곳〉에 매달렸었다고 기억합니다.

명절에 고향 선산을 찾아야만 만날 수 있는 사람들, 가끔씩 만나는 친구들이 있어 고향은 사라졌어도 마음에는 깊이 남아 있습니다. 〈그리운 내 고향 열망골, 고향 선배 따스한 마음덕에 오십년 전 함께 자란 친구들이 고향 하늘 아래 모두〉 모였다면서 고향 「열망골의 추억」을 되새기는 시인의 안타까운 정서를 공유하게 되는 소이연(所以然)입니다.

3.
최성자 시인은 이웃마을에서 함께 자란 배필을 만나 가정을 이룹니다. 부부의 뜻을 모아 대전 중앙통에 서점을 차립니다. 부부가 나란히 출근하여, 남편이 밖의 일을 처리하는 동안 아내는 서점에서 근무합니다. 손님이 없는 시간에는 독서에 열중합니다. 중학생 시기에 제도권의 교육을 받지 못한 시인에게는 지적 욕구가 넘쳐 서점에서 판매하고 있는 베스트셀러나 스테디셀러를 통독하며 지적 갈증을 해소합니다.
이때 유명한 시인의 시집, 저명한 학자들의 수필집, 인기 있는 작가의 소설집을 읽으면서 자신도 글을 써야겠다고 생각합니다. 간명하게 지을 수 있는 시의 형태를 자학자습하여 일기 형식의 시 창작에 나섭니다. 최성자 시인은 이때가 일생에서 가장 행복하였던 때라고 회고합니다. 「서점을 추억하다 1」에서 〈반평생 서점에 갇혀 살았다./ 책을 팔다가/ 책벌레가 되었다.〉고 밝힙니다. 제대로 된 독서감상문 형식을 갖추지는 못하였지만, 짧은 느낌을 정리하면서, '내면의 초라함'을 지우기 위해 독서를 하고, 글을 쓰며, 여가를 슬기롭게 보낸 것 같습니다. 그런 연유로 시 「책 앞에서」는 그의 작품 중 단연 뛰어난 형상화를 보입니다.

닫혀있는 세상 문을 여니
나무들의 물결무늬가 보인다.

겹겹 쌓인 지층에 빛이 스며들면
말하고 듣는 두 사람이 손을 잡는다.

침묵이 흐른다.
세상 위로 한 사람의 고뇌와 또 다른
한사람의 대화가 지평선을 만든다.
고요는 가끔 눈물 나는 적막을 만들어
말없는 눈으로 마주 바라본다.

늦은 오후의 햇살은 노을을 만들고
긴 그림자 앞엔 미루나무가 서 있어
손을 들고 싶은 인사였다.

"안녕. 또 만나요!"
"그래요, 또 봅시다!"

— 「책 앞에서」 전문

　내면의 미묘한 울림을 시로 빚었기 때문에 다양한 해석이 가능한 작품입니다. 본고에서는 필자 나름의 감상을 하고자 합니다. 〈닫혀 있는 세상 문을 여니/ 나무들의 물결무늬가 보인다.〉의 서두는 표현이 신선하고 우리는 대부분 자신의 성채를 쌓고 자기만의 문으로 세상과 소통합니다. 이때 필요한 것이 '닫힌 문'을 여는 일이고, 세상으로 나가서 나무들의 물결무늬를 보는 일, 즉 자연과의 교유입니다. 이 부분은 책의 근원이 나무라는 생각에서 비롯된 유추일 수도 있습니다. 〈겹겹 쌓인 지층에 빛이 스며들면〉에서 원용되고 있는 고차원적인 은유에 놀라게 되며, 〈말하고 듣는 두 사람이 손을 잡는다〉에 이르러 소통과 화해라는 새로운 화두가 등장합니다.
 최성자 시인은 〈세상 위로 한 사람의 고뇌와 또 다른 한 사람의 대화가 지평선을 만든다.〉는 놀라운 형상화를 보입니다. 나아가 〈고요는 가끔 눈물 나는 적막〉을 만든다는 돈오(頓悟)의 경지에 이릅니다. 세상에는 몇 가지 깨달음의 과정이 있는데, 평범한 사람들이 서서히 수련하고 서서히 깨닫는 점오점수(漸悟漸修), 서서히 수련하던 중 갑자기 진리를 깨우치는 돈오점수(頓悟漸修), 갑작스레 깨달아 서서히 수련하여 완성을 향하는 점오돈수(漸悟頓修), 빠른 수련과 빠른 깨달음에 이르는 돈오돈수(頓悟頓修)로 구별하기도 합니다. 이 부분에서의 깨달음은 '돈오점수'에 해당하는 것으로 보입니다.
 더욱 놀라운 문학적 발견은 〈늦은 오후의 햇살은 노을을 만들고〉에 있습니다. 자연현상과도 일치하지만, 이러한 표현은 '돈오돈수'에 해당하는 표현이라 하여도 무리가 없습니다. 이와 함께 〈긴 그림자 앞엔 미루나무가 서 있어/ 손을 들고 싶은 인사였다.〉에서 정겨운 그림을 보는 듯합니다. 자연의 대유로서 미루나무와 시인의 정서가 합일(合一)의 경지에 이르는 시심을 만날 수 있어 행복한 독서입니다. 최성자 시인은 서점을 경영하면서 책과 가까워지고, 책은 그에게 세상을 바라보는 눈을 형성하게 도왔을 터이며, 이를 바탕으로 시창작의 높은 경지에 이르게 한 것 같습니다.

4.
 행복의 밭을 함께 일구던 부군의 별세, 회갑기념으로 해외여행까지 잘 다녀와서, 이제는 새로운 보금자리를 마련하는 것만 남았을 때, 그의 부군이 작고합니다. 이는 최성자 시인에게 청천벽력이었을 터이며, 하늘이 무너지는 통한이었을 터입니다. 그래서 그는 여러 해

마음앓이를 하면서 세상과 거리를 두고 살았던가 봅니다. 그러나 세상에는 자신이 해야 할 일이 있게 마련이고, 시인 역시 자녀들을 양육해야 하는 책임과 의무에 충실해야 했습니다.

  2남 2녀의 자손이 모두 어머니의 아픔을 이해한 듯이 바르고 현명하게 성장합니다. 장남, 장녀, 차녀 모두 대학을 졸업하고 교사가 되었을 때 시인은 어머니로서의 보람을 느끼었고, 세상을 달리한 부군에 대해서도 떳떳하였다고 술회합니다. 이런 보람들이 화룡점정(畵龍點睛)을 이룬 것은 차남의 육군사관학교 입학입니다. 이는 다시, 4년 후 임관식에서 영예의 1등으로 대통령상을 받은 일입니다. 육군사관학교에 입학하는 일도 자랑스러운 일일진대, 전교 1등으로 대통령상을 받은 일은 편모(偏母)로서 형언할 수 없는 기쁨이자 보람이었을 터입니다. 그때의 감격을 시로 빚습니다.

    장하다, 막내아들아
    대통령상이 좋아서가 아니라.
    그 동안, 땀과 눈물을 이겨낸
    네가 자랑스러워서다.

    영광의 꽃 어사화!
    흔들리는 어사화가 빛난다.
    하늘의 별보다 빛나고
    향기로 피어올라
    온 누리가 기쁨으로 차오른다.

    그러나 아들아!
    이제 세상은 너희들 것이니,
    맑은 물이 흐르게 하렴
    맑게 흘러
    맑은 역사로 남게 하렴.

— 「육군사관학교 졸업식장에서 1」 전문

더 이상의 설명이 필요 없을 작품입니다. 차남에 대한 자랑스러움, 그리고 차오르는 기쁨을 노래한 작품이면서, 이 세상에 〈맑은 물이 흐르게 하렴〉〈맑은 역사로 남게 하렴〉의 당부에 이르러 애국 애족 정신을 투영합니다. 이는 같은 제목의 두 번째 작품에서도 드러납니다. 〈막내아들아,/ 아들의 동기생인 아들들아,/ 대한의 씩씩한 아들들아!〉 부르며 〈총구를 빛나게 닦듯이/ 옷깃에 각을 세워 다리듯이/ 아름다운 나라를 지키렴〉 당부하는 시심이 오롯합니다. 같은 제목의 세 번째 작품에도 〈부모에게 기쁨을/ 나라에 충성을!〉 다하라는 소망을 담아냅니다. 자녀들에 대한 자부심은 손주들에 대한 사랑과 기대로 이어집니다.

> 꿈을 품고 사는 아이
> 자연을 사랑하는 아이가
> 이웃을 생각하고
> 친구를 생각한다.
>
> 멋진 날의 기억을 만들어
> 바다에 배를 띄워
> 희망의 돛을 올리고
> 힘차게 넓은 세상을 향하거라.

— 「손주들에게」 일부

최성자 시인에게는 10명의 손주가 어여쁜 병아리처럼 성장하고 있습니다. 〈아프지 않고/ 기쁨을 나누고/ 슬픔은 슬기롭게 견디고/ 상처에 묶이지 말고 잘 자라거라〉 당부를 잊지 않습니다. 이런 당부에 이어 3연과 4연을 지었는데, 앞의 인용 글입니다. 시인은 작품「

손녀와 함께」에서 〈날마다 크는 너희들을 보면/ 내 꿈도 자꾸 커지고/ 마음은 날마다 아이가 되는구나.〉 아이들의 눈높이에 자신의 눈높이를 맞추는 조모(祖母)의 배려와 사랑을 노래합니다. 손주들과 함께 아름다운 내일을 가꾸어 나가는 시심이 시집 속의 여러 작품에 녹아 있습니다.

5.

중학생이었을 때 어머니를 이별하고 가정을 책임지는 맏딸로서 고생한 시인, 결혼과 함께 서점을 운영하며 못 배운 한을 풀기 위해 독서에 집중하던 시인, 갑작스런 부군의 별세에 따른 우울증으로 고생하던 일과 이를 극복하고 자녀들의 양육에 최선을 다한 시인, 자랑스런 자녀들과 사랑스러운 손주들을 양육하면서 행복한 나날을 보내는 시인, 이처럼 바쁘게 살다보니 그는 어느새 고희(古稀, 70세)에 이릅니다. 그 동안 틈틈이 낙서처럼 써왔던 시(본인의 말)와 산문으로 첫 시집 『아름다운 거짓말』 발간을 결심합니다.

이에 이르러 시인은 '從心所慾不踰矩'(종심소욕불유구 : 일흔 살에는 마음속으로 하고 싶은 대로 하여도 법도를 벗어나지 않는다.)라는 공자님의 말씀에 따라 생활하고자 작심합니다. 이는 부처님의 말씀과도 상통하는 이치며, 스님들의 언행에서도 배울 바가 있습니다. 그리하여 「법정 스님 말씀에」를 통하여 깨우친 ㄴ것처럼 〈나뭇잎이 떨어져 가벼이 가는 길〉과 〈인생은 무소유로 가는 길〉이라는 깨달음의 경지에 이릅니다.

> 천년 나무가 뻗은 가지에
> 바람소리 물소리
> 세상 속에 채워놓고

무슨 말씀으로 설법을 하시는가?

부처님 귀를 빌려 듣는 봄날
푸르름에 씻는 귓불
부처님 미소가 보이고.
—「영국사 은행나무」 전문

이는 고승들이 주고받던 선시(禪詩)의 격조를 지닌 작품입니다. 천년 나무가 뻗은 가지에 바람소리가 이는 것은 자연의 이치입니다. 그러나 시인은 은행나무에서 '물소리'까지 듣고 있습니다. 어떻든 시인이 바라보는 천년 은행나무는 그 속에 바람소리 물소리를 채워놓고, 설법을 하고 있는 스님과 동격이라는 깨우침에 이릅니다. 부처님의 귀를 빌려 봄날의 푸르름에 귀를 씻으니 부처님의 미소(拈花微笑)가 보입니다. 귀를 물로 씻는 것은 자연의 이치 그대로이지만, 푸르름으로 귀(귓불)를 씻는 일은 고차원적인 형상화입니다.

그러나 고희를 맞은 시인에게는 아직도 소녀다운 정서가 남아 있습니다. 봉숭아 꽃물을 들이고 여름이면 손녀들에게 자랑을 하는 시인, 그러면서도 〈빠알간 손톱 지워지면 어쩌지/ 걱정하던 임이 찾아오면/ 열 손가락에 꽃불 켜고 맞으리〉라는 「어른 아이 2」에서 천상 시인일 수밖에 없는 바탕을 느낍니다. 앞으로 좋은 작품 창작에 힘써, 희수(喜壽, 77세) 산수(傘壽, 80세) 미수(米壽, 88세) 졸수(卒壽, 90세) 백수(白壽, 99세) 등 수많은 삶의 마디를 만날 때, 다시금 시집 발간을 기대하며, 최성자 시인의 첫 시집 작품 감상을 마칩니다.

아름다운 거짓말

최성자 시집

발 행 일	2018년 10월 10일
지 은 이	최성자
발 행 인	李憲錫
발 행 처	오늘의문학사
출판등록	제55호(1993년 6월 23일)
주 소	대전광역시 동구 대전로867번길 52(한밭오피스텔 401호)
전화번호	(042)624-2980
팩시밀리	(042)628-2983
전자우편	hs2980@hanmail.net
카 페	cafe.daum.net/gljang(문학사랑 글짱들)

공 급 처	한국출판협동조합
주문전화	(070)7119-1752
팩시밀리	(031)944-8234~6

ISBN 978-89-5669-946-2
값 15,000원

ⓒ최성자, 2018

* 이 책은 교보문고에서 eBook(전자책)으로 제작하여 판매합니다.
* 잘못 제작된 책은 바꾸어 드립니다.

이 도서의 국립중앙도서관 출판예정도서목록(CIP)은 서지정보유통지원시스템 홈페이지(http://seoji.nl.go.kr)와 국가자료종합목록시스템(http://www.nl.go.kr/kolisnet)에서 이용하실 수 있습니다. (CIP제어번호 : CIP2018030896)